Christiane Doermer-Tramitz

... auf den ersten Blick

W0466272

Christiane Doermer-Tramitz

... auf den ersten Blick

Über die ersten dreißig Sekunden einer Begegnung von Mann und Frau

Westdeutscher Verlag

Der Westdeutsche Verlag ist ein Unternehmen der Verlagsgruppe Bertelsmann International.

Alle Rechte vorbehalten
© 1990 Westdeutscher Verlag GmbH, Opladen

Das Werk einschließlich aller seiner Teile ist urheberrechtlich geschützt. Jede Verwertung außerhalb der engen Grenzen des Urheberrechtsgesetzes ist ohne Zustimmung des Verlags unzulässig und strafbar. Das gilt insbesondere für Vervielfältigungen, Übersetzungen, Mikroverfilmungen und die Einspeicherung und Verarbeitung in elektronischen Systemen.

Umschlaggestaltung: Horst Dieter Bürkle, Darmstadt
Titelfoto: Christl Lautenbacher, München
Druck und buchbinderische Verarbeitung: W. Langelüddecke, Braunschweig
Printed in Germany

ISBN 3-531-12121-9

Meinen Eltern gewidmet

Danksagung

An erster Stelle möchte ich Herrn Prof. Irenäus Eibl-Eibesfeldt danken, durch dessen großzügige Unterstützung diese Arbeit entstehen konnte. Die mir gewährte Handlungsfreiheit verband er mit einer Offenheit für meine Probleme und Fragen, was dazu führte, daß ich meine Doktorandenzeit an seiner Forschungsstelle sicher immer in schöner Erinnerung behalten werde.
Prof. Gerd Kegel gab mir in Zeiten des Zweifels stets Mut und bahnte den Weg zu diesem Buch.
Besonderer Dank gebührt Dr. Karl Grammer, dem "Begründer" des Flirtprojekts. Karl betreute meine Arbeit in aufopfernder Weise und stand mir stets mit großer Geduld und Toleranz zur Seite. Er trug Wesentliches zu meiner Freude am Forschen bei.
Dr. Wulf Schiefenhövel, Dr. Volker Heeschen, Dr. Gottfried Hohmann, Dr. Gunter Senft und Dr. Gerhard Medicus konfrontierte ich oft mit unterschiedlichsten Fragen und Problemen. Ihre Hilfsbereitschaft war außerordentlich groß.
Das kritische Auge und die engagierte Mitarbeit meines Bruders Philipp Doermer trug dazu bei, daß der eher trockenen, wissenschaftlichen Arbeit ein anderer Charakter verliehen wurde.
Mak Aleeva und David Kammerer illustrierten das Buch. Christl Lautenbacher photographierte die Versuchsnachstellungen.
Iris Müller redigierte mit größter Sorgfalt und Zuverlässigkeit das Manuskript.
Die Max-Planck-Gesellschaft sowie die Deutsche Forschungsgemeinschaft ermöglichten durch ihre finanzielle Unterstützung das Flirtprojekt.
Schließlich möchte ich meinem Mann, Christian Tramitz, der nicht selten meine Zweifel und die daraus resultierenden schlechten Launen auffing, für seine Geduld und Verständnis danken.

München, im Dezember 1989 — Christiane Doermer-Tramitz

Inhalt

Viertes Kapitel

Fünftes Kapitel

Sechstes Kapitel

Vorwort

Der erste Eindruck von einem Menschen ist, wie sich später zeigen wird, aufs Engste mit dem ersten Blick verbunden. Natürlich können wir auch einen Eindruck von jemandem gewinnen, den wir gar nicht sehen, von einem Helden in der Literatur oder vermittels einer fremden Stimme am Telefon; Eindrücke aus „zweiter Hand" also, deren Bedingungen und Gesetze zu erforschen sicherlich auch sehr interessant wäre. Nun ist aber gerade das Unmittelbare an einer Begegnung das, was uns immer wieder in Staunen versetzt. Warum sprechen wir auf einen bestimmten Menschen so spontan und heftig an, warum versetzt uns der Anblick dieses einen Menschen in eine so starke Bereitschaft, unsere Hemmungen zu überwinden und auf ihn zuzugehen, und warum läßt uns ein anderer, möglicherweise viel attraktiverer Mensch, unbeteiligt und uninteressiert? Weiß der menschliche Körper mehr als man ihm zutraut, haben sich gar im Laufe der Evolution Faktoren ausgebildet, die die Entscheidungen bei der Partnerwahl vorwegnehmen, so daß wir uns lediglich vortäuschen, wir hätten uns bewußt für den einen oder anderen Menschen entschieden? Könnte es nicht sein, daß wir schon nach einem „ersten Blick" auf einen anderen Menschen tatsächlich eine ausreichende Menge von wichtigen Informationen über ihn gesammelt haben, um uns innerlich ein für unser weiteres Verhalten verbindliches Urteil über diesen Menschen zu bilden, bevor wir uns überhaupt bewußt Rechenschaft darüber ablegen? Gibt es demnach die berühmte „Liebe auf den ersten Blick" wirklich, wie oft gleichermaßen bezweifelt und bejaht wird? Sind solche Verhaltensweisen bei Menschen möglicherweise ähnlich erforschbar wie im Tierreich? Sind sie vielleicht sogar in bislang unentdeckten genetischen Programmen gespeichert und nur deshalb unentdeckt geblieben, weil der forschende Mensch, gewohnt, sich von den Tieren mit dem Hinweis auf seine vielgerühmte Intelligenz abzugrenzen, auf jenem Auge blind war, das seine Unzulänglichkeit wissenschaftlich-exakt hätte erforschen müssen? Kann der Mensch überhaupt so unvoreingenommen sein, daß er sich selbst gegenüber eine so schonungslos offene Verhaltensforschung betreibt, wie er sie im Tierreich praktiziert, ohne dem platten Darwinismus zu verfallen und ohne permanent trügerische Sozialutopien zu entwerfen, die er in der Realität doch nie verwirklichen kann?

Die Verhaltensforschung, zu deren Mitbegründern der Nobelpreisträger Konrad Lorenz zählt, konnte nachweisen, daß es arteigene und angeborene Verhaltensweisen gibt. Irenäus Eibl-Eibesfeldt, ein Schüler von Konrad Lorenz, erweiterte diese Forschungsergebnisse durch seine Studien über das menschliche Verhalten und gilt gegenwärtig als einer der prominentesten Wissenschaftler auf dem Gebiet der Humanethologie. Im oberbayerischen Andechs am Ammersee leitet er die Forschungsstelle für Humanethologie in der Max-Planck-Gesellschaft, der auch das „Flirtexperiment" durchgeführt wurde, über dessen Ergebnisse dieses Buch berichten wird.

Einleitung

„The work done on interpersonal attraction is ... interesting and extremely challenging. What's more it's very enjoyable." (Duck)

Dem Titel läßt sich entnehmen, daß es in dem vorliegenden Buch um jenen ersten Eindruck geht, der bei einem Zusammentreffen zweier sich vollkommen unbekannter Personen entsteht. Kann man Reaktionen auf den ersten Blick wie Liebe, Zuneigung oder Ablehnung beobachten und damit den bekannten Ausspruch „es war Liebe auf den ersten Blick" wörtlich nehmen? An der Forschungsstelle für Humanethologie* ging man diesem oft beschriebenen Phänomen wissenschaftlich nach. Das Datenmaterial für diese Untersuchung basiert auf den ersten Kontakten von insgesamt 160 Schülern und Schülerinnen, die im Rahmen des „Flirtprojekts" des Biologen Dr. Karl Grammer in Seewiesen (Oberbayern) unter Zusammenarbeit von Karl Grammer und mir gefilmt worden waren. Bei den Schülern handelte es sich um Gymnasiasten aus München und Umgebung. Ihr Durchschnittsalter betrug 18 Jahre. Jeweils ein Paar, Junge und Mädchen, wurde in einem separaten Raum mit einer versteckten Kamera 10 Minuten lang heimlich gefilmt. Anschließend wurde mit Hilfe eines Fragebogens ermittelt, welchen Eindruck beide voneinander hatten.

Bei der ersten Durchsicht der Videoaufnahmen stellten wir fest, daß sowohl die Gespräche wie auch der gesamte Ablauf der Begegnungen äußerst unterschiedlich verliefen. Während manche Paare sich sehr gut unterhielten, zeichnete sich die Interaktion anderer durch lähmende Stille und Langeweile aus. Das Bemerkenswerteste jedoch war, daß der Gesprächsverlauf von Anfang an vorgezeichnet schien. „Funktionierte" es zwischen den beiden gleich zu Beginn der zehn Minuten, dann konnte man in der Regel davon ausgehen, daß sie sich auch in der übrigen Zeit gut unterhielten. Entstanden jedoch am Anfang viele Pausen und wollte keiner das Gespräch beginnen, so hatten die

---

* Die Humanethologie befaßt sich mit den biologischen Grundlagen menschlichen Verhaltens.

beiden sich auch während der restlichen Zeit nichts zu sagen. Nur die wenigsten Paare kamen, wie man es ja eigentlich erwartet hätte, erst nach einigen Anlaufschwierigkeiten ins Gespräch.

Diese Beobachtungen weckten unser besonderes Interesse für die ersten 30 Sekunden einer Begegnung. Wir mußten erkennen, daß der wohlbekannte Spruch „es war Liebe auf den ersten Blick" tatsächlich wörtlich zu nehmen sei, und rückten deshalb die ersten 30 Sekunden in den Mittelpunkt unserer Untersuchungen. Diese Zeitspanne von *dreißig* Sekunden wählten wir, um für die Auswertung genügend Datenmaterial zu erhalten.

Wenn man annimmt, daß der erste Eindruck tatsächlich von so großer Wichtigkeit ist, dann müßte sich dies im sprachlichen (verbalen) und nichtsprachlichen (nonverbalen) Verhalten ausdrücken, so lautete die These. Als nächstes stellte sich uns die Frage, in welchen Bereichen des verbalen und nonverbalen Verhaltens sich der erste Eindruck widerspiegeln könnte. Besonders aufschlußreich erschienen uns die folgenden Fragen: Wie ist das Blickverhalten? Wer sieht wen zuerst an, wie lange dauert der Blickkontakt, wer bricht den Blickkontakt als erster ab? Wodurch ist das Sprachverhalten gekennzeichnet? Wie lang, beziehungsweise kurz sind die Sätze? Ergänzend dazu konzentrierten wir uns noch auf einige andere Faktoren, von denen wir meinten, daß sie für den Gesprächsverlauf wichtig seien. So berücksichtigten wir zum Beispiel die Dauer der Gesprächspausen, wieviele Fragen gestellt wurden, und wer die Pausen beendete und damit das Gespräch fortsetzte.

Da sich unsere Schüler in einem Alter befanden, in dem die Partnerwahl bei den meisten doch im Mittelpunkt steht, werden auch andere Experimente, die sich mit dem Flirt- und Werbeverhalten befassen, in die Darstellung mit einbezogen.

Im ersten Teil des vorliegenden Buches konzentriere ich mich auf all die Aspekte, die allgemein bei einer Begegnung eine wichtige Rolle spielen und die ich aus diesem Grunde bei der Auswertung unseres Experiments berücksichtigte.

Die Standpunkte und Theorien anderer Autoren werde ich bei der allgemeinen Diskussion heranziehen, damit für den Leser verständlich wird, warum die jeweiligen Aspekte diskutiert werden. Zunächst aber sollen die Komponenten aufgeführt werden, die bei einem Erstkontakt eine wichtige Rolle spielen, etwa das äußere Erscheinungsbild, die Attraktivität, die anfänglichen Bedürfnisse und die Selbsteinschätzung. Nachgegangen wird auch der Sprichwortkontroverse „Gleich gesellt sich gern zu gleich" versus „Gegensätze ziehen sich an". In einem weiteren Kapitel beschreibe ich die Strategien, die den Umgang der Menschen untereinander kennzeichnen. Mit welchen Zielen also wird eine Interaktion, ein Gespräch begonnen, und welche Strategien werden dafür angewandt?

Bei unserer Analyse steht das Sprachverhalten neben dem Blickverhalten im Mittelpunkt. Ich möchte aus diesem Grund in einem weiteren Kapitel auf beide Aspekte kurz eingehen, wobei ich zusätzlich den Zusammenhang von sprachlicher und nichtsprachlicher Kommunikation beschreibe. Der zweite Teil dieser Studie beginnt mit der von uns aufgestellten Hypothese zur Bedeutung der ersten 30 Sekunden einer Begegnung. Ihr folgt die Versuchsbeschreibung unseres Experiments. Schließlich komme ich zur Darstellung der Ergebnisse, an die sich jeweils die entsprechenden Interpretationen anschließen. Auf der Grundinformation der vorangehenden Kapiteln aufbauend, bildet die detaillierte Beschreibung der für eine Flirt- und Werbesituation typischen Merkmale das Schlußkapitel, wobei auch auf die soziobiologischen Aspekte des Flirtverhaltens eingegangen wird.

Der Anhang schließlich enthält die Auswertungskriterien sowie die Erläuterungen der verwendeten Fachbegriffe.

Erstes Kapitel

Der erste Eindruck

Trifft man einen Menschen zum ersten Mal, unterhält man sich mit ihm oder beobachtet man ihn, sieht man ihn im Umgang mit anderen Menschen, so wird er in uns gewöhnlich einen bestimmten Eindruck erwecken. Die Art, wie er sich gibt, sein Aussehen, seine Stimme und Sprechweise, was er sagt, all dies zusammen läßt im Betrachter ein Bild über ihn entstehen. In der Regel handelt es sich hierbei um ein sehr unklares Bild, das sich im Laufe einer längeren Begegnung erhärtet oder verändert. Dennoch steht die erste Begegnung zunächst einmal unter dem Einfluß dieses ersten Eindrucks.

Eine Erstbegegnung ruft in uns vielerlei Empfindungen hervor wie etwa Sympathie, Antipathie, Respekt, Unsicherheit oder Überlegenheit. Nach Zetterberg* vollzieht sich der erste Eindruck als „geheime Einstufung", wobei die Person zunächst nach dem äußeren Erscheinungsbild (Aussehen, Kleidung) und der Offenheit und Verschlossenheit der Körperhaltung klassifiziert und einem inneren, idealen Suchbild entsprechend eingestuft wird. Timothy Perper bezeichnet dieses Suchbild in seinem Buch „Sex Signals" mit dem aus der Biologie stammenden Begriff „Template". Dieses „Template", eine Art Muster, wird im Laufe des Lebens unter anderem durch elterlichen Einfluß, durch Assoziationen aller Art mit früheren zwischenmenschlichen Erfahrungen ausgeprägt. Nicht zu unterschätzen ist auch der Einfluß der sozialen Umwelt, der Öffentlichkeit. Die Massenmedien tragen viel zur Ausbildung der Templates bei. Nicht zuletzt dadurch sind in den Templates die ganzen Vorurteile abgespeichert, die dann die zwischenmenschlichen Beziehungen so sehr belasten: politischer und sexueller Chauvinismus, Rassismus und dergleichen mehr.

„Die scheinbare Gegenwärtigkeit dieses Templates und das Verlangen, die echte Person nach diesem Vorbild umzumodeln, deuten an, daß dieses Template auch neurophysiologisch existent ist. Irgendwie –

---

* Die Jahreszahl der Veröffentlichung wird im Text nur angegeben, wenn mehrere Veröffentlichungen des Autors zitiert werden.

und welch ein Triumph wäre es, zu erklären wie – enthält das menschliche Hirn in einer neurophysiologischen, verschlüsselten Form ein bestimmtes Protobild (etwa) einer Frau. Wird diese Frau gesehen, ich betone: gesehen, wird ein Template ein ungeheures Netzwerk von Gedanken und Emotionen auslösen", schreibt Perper. Paßt nun eine Person in ein ideales Muster (Template) so wird man danach streben, diese näher kennenzulernen.[1]

Die Begegnung mit einem fremden Menschen ruft in uns in der Regel Gefühle der Unsicherheit hervor: Wie wird sich der andere verhalten, wie wird er auf mich reagieren, werde ich ihm sympathisch sein – er mir?

Der erste Eindruck ermöglicht es uns, den weiteren Verlauf der Begegnung, wenn man so will, in etwa vorwegzunehmen, um so die Unsicherheit zu verringern. Wie wichtig die Reduzierung der Unsicherheit für den Menschen ist, wird weiter unten noch zu sehen sein.

Eine Interaktion zweier Menschen bleibt freilich nicht auf der Stelle stehen. Dem Gegenüber wird, wenngleich kaum bewußt, *unser* Eindruck entgegengebracht. Das Gegenüber seinerseits vermittelt ebenfalls seinen ersten Eindruck, nimmt aber gleichzeitig den ihm entgegengebrachten wahr. Der erste Kontakt ist demnach von einer starken Wechselwirkung (Reziprozität) und einer ausgesprochen hohen Dynamik geprägt. Wenn zwei Individuen miteinander kommunizieren, schreibt Eibl-Eibesfeldt (1979 a), dann ist ihr Verhalten voneinander abhängig, indem der eine das Verhalten des anderen auslöst. Auch Mary Cook zufolge ist die Reziprozität ein wesentliches Charakteristikum des ersten Eindrucks: Der erste Eindruck ruft eine erste Reaktion hervor, die wiederum einen gewissen Effekt auf die andere Person ausübt; dieser Effekt wird bemerkt und beantwortet, und das wiederum setzt weitere Entwicklungen in Gang. Dieses Aufeinander-Abstimmen wird auch über die Ausbildung des ersten Eindrucks hinweg fortgeführt. Dennoch bleibt dieser für den Fortgang der Interaktion prägend, selbst wenn er auf stark eingeschränkten oder gar falschen Informationen beruht.[2]

Der erste Eindruck verschafft sich gewissermaßen eine Autonomie trotz späterer Berichtigungen, was dazu führen kann, daß zukünftig alle Verhaltensweisen des anderen fälschlich und unberechtigt auf diesen ersten Eindruck bezogen werden. Berscheid und Graziano sprechen in diesem Fall von einer Art gedanklichen Abblockung, einem

„cognitive bolstering". Man sucht beim Gegenüber nach Verhaltensweisen, die den ersten Eindruck und die damit verbundenen Erwartungen bestätigen. Assoziiert man beispielsweise das Aussehen des anderen mit bestimmten Eigenschaften, so sucht man im weiteren Verlauf der Begegnung zunächst einmal nach einer Bestätigung hierfür, indem man jeden Hinweis, der die erste Meinungsbildung zu stützen scheint, erfreut als einen weiteren Beweis interpretiert. Ein Experiment der Wissenschaftler Zadney und Gerard demonstriert anschaulich, wie eine Vorinformation über eine andere Person zu einem Vorurteil führt und das Verhalten beeinflußt.

Einer Gruppe von Männern wurde eingeredet, die Frau, mit der sie im Verlauf des Versuchs telephonisch Kontakt aufnehmen sollten, sei besonders attraktiv. Den anderen männlichen Versuchspersonen hingegen wurde von einer unattraktiven Frau am Ende der Leitung erzählt. Obwohl alle Männer keinerlei Anhaltspunkte für das tatsächliche Aussehen ihrer Telephonpartnerinnen hatten, sich also auf eine mündliche Information des Experimentators verlassen mußten, stuften sie ihre jeweilige Gesprächspartnerin, die übrigens immer diesselbe Frau war, völlig unterschiedlich ein. Die „attraktive" Telephonpartnerin hatte nach Einschätzung der Männer viele positive Eigenschaften, die „unattraktive" deutlich weniger. Doch auch die telephonierenden Männer wurden beobachtet und ihr Verhalten analysiert. Deren Beobachter stuften die Männer mit einer „attraktiven" Telephonpartnerin als interessierter, kooperativer, humorvoller und warmherziger ein. Die Männer beeinflußten somit durch ihr Vorurteil (attraktive Frauen sind interessanter, deswegen bin ich engagierter) das Verhalten der Frauen: Die Frau wird nämlich die Freundlichkeit des Mannes mit größter Wahrscheinlichkeit mit ebensolcher erwidern. Die „unattraktive" Frau indes nimmt die eher abweisende Haltung des Mannes wahr und wird sie ihrerseits reflektieren.

Die vorausgesagten Eigenschaften haben sich somit gewissermaßen „selbstauslösend" erfüllt. Im Englischen wird dieser Vorgang als 'selffulfilling prophecy' bezeichnet.

Über die Ambivalenz

Die hohe Dynamik der Erstbegegnung hat eine weitere, sehr wichtige Ursache. Nicht nur das Bedürfnis nach Nähe spielt hier eine wesentliche Rolle. Es ist vielmehr dem Menschen auch eine natürliche Scheu eigen, die ihn unsicher werden läßt, wenn er mit Unbekannten zusammentrifft. Diese Scheu zweckdienlich zu überwinden, das Risiko der Begegnung mit dem anderen richtig einzuschätzen, um Vorsichtsmaßnahmen für das eigene weitere Verhalten zu treffen, das alles beeinflußt nicht minder den ersten Eindruck, den man vom anderen gewinnt. Dazu steht dem Menschen ein umfangreiches Verhaltensrepertoire zur Verfügung, das je nach eigener charakterlicher Disposition oder auch in Abhängigkeit vom Verhalten des anderen angewendet wird. Doch muß dafür das Verhalten des anderen auch stets vorausschauend mitbedacht werden.

Nach Eibl-Eibesfeldt werden die Menschen am Anfang einer Begegnung zunächst einmal danach trachten, ihre angeborene Scheu zu überwinden. Eibl-Eibesfeldt beobachtete eine plötzlich auftretende Fremdenfurcht bei Säuglingen ab dem sechsten Lebensmonat in allen von ihm studierten Kulturen. Nähert man sich einem fremden Säugling, so wird man von diesem in der Regel zunächst einmal angelächelt. Kurz darauf wird er sich – bei der Mutter Schutz suchend – von dem Fremden abwenden, alsbald folgt jedoch wieder eine erneute Zuwendung. Abkehr und Zuwendung wechseln einander somit in einem zyklischen Prozeß ab. Dieses Verhalten von Säuglingen könnte belegen, „daß der Mitmensch Träger von Signalen ist, die widersprüchliche Verhaltenstendenzen aktivieren." (Eibl-Eibesfeldt, 1984, S. 217). Aber auch der Erwachsene zeigt ein ähnlich ambivalentes Verhalten, um seine Fremdenfurcht im Augenblick einer Begegnung zu überwinden. Das menschliche Verhalten scheint somit einer Ambivalenz von Zuwendung und Abkehr unterworfen. Dabei werden neben den Systemen der freundlichen Zuwendung auch die abwehrenden (agonistischen) aktiviert.

Dieses Schwanken zwischen Zuwendung und Abkehr kommt insbesondere bei Kontakteröffnungen zum Ausdruck. Schließlich ist es hierbei von Bedeutung, die durch Unsicherheit entstehende abwehrende Haltung mittels beschwichtigender Verhaltensweisen zu überdecken beziehungsweise zu kompensieren.

Ein schönes Beispiel für die Kombinierung der zwei völlig gegensätzlichen Verhaltensweisen beobachtete Eibl-Eibesfeldt bei den Yanomami-Indianern in Venezuela:

> „Kommt zum Beispiel ein Yanomami als Gast in das Dorf seiner Gastgeber, dann tanzt er in voller Bewaffnung mit Pfeil und Bogen drohend auf dem Dorfplatz eine Runde. Er demonstriert Kraft und Wehrhaftigkeit. Mit diesem aggressiven Appell verbindet er jedoch einen friedlichen: Ein kleines Kind tanzt mit ihm und schwenkt in den Händen grüne Wedel." (1984, S. 284).

Dieses Zusammenspiel von kriegerischen und freundlichen Verhaltenselementen beobachtete Eibl-Eibesfeldt bei verschiedenen Kulturen, wie etwa in Bali anläßlich eines Begrüßungstanzes oder in Europa bei Staatsempfängen, bei denen der Ehrengast mit Salutschüssen und militärischem Gepränge, gleichzeitig aber auch durch ein Kind, das beschwichtigend Blumen überreicht, begrüßt wird.

Unter Berücksichtigung der natürlichen Scheu ist es insbesondere bei Erstkontakten von großer Wichtigkeit, daß sowohl auf sprachlicher als auch auf nichtsprachlicher Ebene eine notwendige Distanz gewahrt wird. Verletzungen dieses Schutz- und Individualraumes wirken angstauslösend. Weiter unten wird noch dargelegt werden, wie wichtig beispielsweise die Gesprächseröffnung ist, also die Annäherung auf sprachlicher Ebene.

Noch wichtiger dürfte die Beachtung körperlicher Distanz bei einer Kontaktanbahnung sein. Jeder kennt das Unbehagen, das man in einem engen Fahrstuhl empfindet. Hier wirkt die menschliche Nähe bedrückend und beunruhigend. Man blickt zu Boden oder starrt die Wände an und hofft auf ein möglichst schnelles Ankommen am gewünschten Stockwerk. Versuche haben ergeben, daß die Pulsfrequenz und der Hautwiderstand bei zu geringer Nähe zu unbekannten Menschen rapide ansteigen.[3]

Die wichtigsten Faktoren beim ersten Eindruck

Es liegt auf der Hand, daß sich die Forschung in dem Bestreben, das Geheimnis um Sympathie und Antipathie zu lüften, vor allem auf die naheliegenden Faktoren stützt. Ihr vordringliches methodologisches Anliegen ist die Beantwortung der Frage nach der Quantifizierbarkeit von beobachtbaren Verhaltensweisen in den Augenblicken, in denen Menschen, bewußt oder unbewußt, ihre Zuneigung beziehungsweise Ablehnung zum Ausdruck bringen. Mit anderen Worten: Auf der Suche nach den Ursachen für Sympathie muß man sich auf sehr unsichere und zeitgebundene Faktoren verlassen, die – was noch gravierender ist – in ihrer Gültigkeit von Mensch zu Mensch variieren. Dennoch kommt man in der Wissenschaft nicht umhin, die physische Attraktivität, den sozioökonomischen Status[4], die Intelligenz[5], den sexuellen Grad der Erregung, um nur einige Faktoren zu nennen, zu berücksichtigen. Manche Forscher kommen auf zunächst scheinbar abwegige Hypothesen. Der Wissenschaftler William Griffit zeigte zum Beispiel, daß die gegenseitige Anziehung zweier Menschen in einer gewissen Abhängigkeit zur Raumtemperatur stehen kann. Versuchspersonen schätzten sich in einem überhitzten Raum wechselseitig negativer ein als in einem normal temperierten. Körperliches Unbehagen wirkt im Augenblick der Urteilsbildung mitbestimmend. Ein anderer Wissenschaftler, Garwood, untersuchte mit mehreren Kollegen den Einfluß des Vornamens auf das wertschätzende Urteil und folgerte, daß sich ein unschöner Vorname ungünstig auswirken kann, ein Ergebnis, das nicht unumstritten ist, wie Manfred Hassebrauck betont.

Wenngleich diese oder auch andere Faktoren einen gewissen Beitrag zur (Vor-)Urteilsbildung leisten mögen, so haftet an ihnen doch eine gewisse amüsante Kuriosität. Fundamentaler, weil mit der Persönlichkeit der Betreffenden tiefer verbunden als Name oder Raumtemperatur, wirkt sich bei der Urteilsbildung der momentane, emotionale Zustand aus. Ein Versuch von Barclay und Haber macht dies deutlich:

Die Schüler einer Klasse waren durch grobe Vorwürfe ihres Lehrers emotional stark „geladen". Die Auswertung der Fragebögen, die von den Schülern ausgefüllt werden mußten, ergab einen eindeutigen Zusammenhang nicht nur von emotionalem Zustand und Attraktivitätsbeurteilung, was nicht überrascht, sondern auch von Aggressivität und Sexualität. Ein weiterer Versuch[6] zu diesem Zusammenhang von Aggression und Sexualität, der, wie noch zu sehen sein wird, im männlichen Werbeverhalten mitbestimmend wirkt, hatte die Erforschung des Verhaltens von Männern in Gefahrensituationen zum Ziel – die Rollenanforderungen an den Mann beinhalten ja u. a., daß er mutig einer Gefahr ins Auge sieht. Zu diesem Zweck mußte ein Teil der männlichen Versuchsteilnehmer über eine sichere, feste Brücke, der andere Teil über eine eher furchteinflößende, wackelige gehen; auf den Brücken befanden sich je eine Frau („Lockvögel"), die den Männern Fragebögen überreichten. Die Fragestellung erlaubte Rückschlüs-

Abb. 1: „Mutige" Männer, die über eine „gefährliche" Brücke gegangen sind, wagen eine attraktive Frau eher anzusprechen als Männer, die eine weniger gefährliche Brücke überquert haben. In diesem Experiment wurde dem engen Zusammenhang von emotionaler Erregung und Sexualität nachgegangen. (Zeichnung: Mak Aleeva)

se auf die momentane sexuelle Erregtheit der betreffenden Männer. Die Versuchspersonen auf der „gefährlicheren" Brücke waren nicht nur sämtlich in höherer sexueller Bereitschaft als die anderen, sie zeigten durchgängig auch noch nach dem Experiment stärker das Bedürfnis, sich mit den „Lockvögeln" zu verabreden. Der Gegenversuch mit männlichen „Lockvögeln" auf der Brücke ergab diesen Zusammenhang übrigens nicht.

In dem von uns durchgeführten Experiment konnten wir den emotionalen Zustand der Teilnehmer leider nicht erfassen, sofern man nicht aus den Antworten der Fragebögen spekulative Rückschlüsse auf die jeweilige Gemütsverfassung ziehen will.

Die Mehrzahl der Experimente auf dem Forschungsgebiet zwischenmenschlicher Beziehungen sind „künstlicher" Art, werden also im Labor, mit Fragebögen, Rollenspielen und Photographien, zum Beispiel bei der Attraktivitätsbeurteilung, durchgeführt. Die Ergebnisse der Laboruntersuchungen sind alles in allem glaubwürdig, vergleicht man sie mit denen von realistischeren Experimenten[7]. Die Vorteile der Laborversuche liegen in der Möglichkeit der Manipulation der Versuchsbedingungen. Gerade weil die Konzentration auf bestimmte Faktoren bei künstlichen Versuchen eher möglich ist, bedarf es jedoch bei der Interpretation der Ergebnisse einer angemessenen Berücksichtigung der Manipulationen und der dadurch bedingten Einseitigkeit. Unser Versuch war insofern „natürlich", als sich die Versuchsteilnehmer, von wenigen Ausnahmen abgesehen, der Versuchssituation nicht bewußt waren. Ihr Verhalten unterlag keinem für sie erkennbaren Einfluß. Es gab weder Rollenspiele noch „Lockvögel".

Die Mehrzahl der Experimente, die sich mit der Frage der Attraktion befaßten, wurde bislang von Wissenschaftlern aus den USA durchgeführt. In den USA beherrscht die behavioristische Theorie die Durchführung und Erklärung von Experimenten. Die behavioristische, am Verhalten orientierte Denkweise beschränkt sich auf beobachtbare und meßbare Erscheinungen. Faktoren wie physische Attraktivität, Selbsteinschätzung, Ähnlichkeit etc. wird somit nicht auf einer tieferliegenden Ebene nachgegangen, wie es beispielsweise bei der analytischen Psychologie der Fall ist (etwa Elternvorbild, Assoziationen mit negativen oder positiven Erfahrungen etc.). Die gegenseitige Attraktion ist nach der behavioristischen Theorie abhängig von der

Stärke der positiven Verstärker, die physischer oder psychischer Art sein können. Je mehr positive Assoziationen, das heißt positive Verstärker bestehen, desto positiver ist die gegenseitige Einschätzung. In dem vorliegenden Buch werde ich mich nur auf die meß- und beobachtbaren, durch Experimente gefestigten Erkenntnisse konzentrieren, wobei ich mir durchaus darüber im Klaren bin, daß ich nur einen eingeschränkten Aspekt menschlichen Verhaltens beschreibe. Den Anspruch auf Vollständigkeit bei der Beschreibung und Ergründung des Phänomens „menschliches Verhalten" zu erheben, halte ich ohnehin für äußerst gewagt.

Bei den meisten der folgenden Versuchsbeschreibungen steht die Erstbegegnung im Mittelpunkt des Interesses. Die Gültigkeit beziehungsweise Wirkung der im folgenden aufgelisteten Faktoren bezieht sich demnach auf den ersten Eindruck.

Die anfänglichen Bedürfnisse

Kommt es zu einer Kontaktaufnahme, so kann man nach Berscheid und Graziano davon ausgehen, daß die Begegnung weitgehend von den anfänglichen Bedürfnissen der jeweiligen Personen beeinflußt wird. Das heißt, daß alles letzten Endes davon abhängt, wie groß das Interesse der jeweiligen Gesprächspartner ist, miteinander in Kontakt zu treten. Wie stark entsprechende Wünsche sind, hängt wiederum von vielerlei Einflüssen ab: Jemand, der zum Beispiel gerade in eine neue Stadt gezogen ist, wird dort ein stärkeres Bedürfnis nach neuen Begegnungen haben als am alten Wohnort, wo er bereits seinen Bekanntenkreis hatte. Hinzu käme noch die unterschiedliche Fähigkeit, etwaigen Kontaktbedürfnissen einen adäquaten Ausdruck zu verleihen. Man unterscheidet gerne kontaktfreudige von kontaktarmen Menschen. Letzteren scheint die Fähigkeit zu wirksamer Artikulierung ihrer Bedürfnisse zu mangeln. Doch oft genug fehlt ihnen schlicht und einfach – das Bedürfnis. Jemand, der sich in einer festen, glücklichen Partnerschaft befindet, hat vermutlich ebenfalls ein eingeschränkteres Bedürfnis nach neuen Begegnungen als ein „Single".

Konkret auf unsere Versuchssituation bezogen wäre etwa zu fragen, wie erpicht die jeweiligen Gesprächspartner auf ein Kennenlernen sind. Das Vorhandensein eines festen Partners dürfte hierbei sicherlich eine Rolle spielen, wobei an dieser Stelle bereits zu erwähnen ist, daß in unserem Fragebogen auch danach gefragt wurde und das Bestehen einer Partnerschaft zu keiner Beeinträchtigung der gegenseitigen Attraktion führte. Im Gegenteil, es stellte sich sogar heraus, daß diejenigen Schülerinnen, die einen Freund hatten, von ihren Gesprächspartnern als umso attraktiver eingeschätzt wurden. Hier wäre ein Zusammenhang mit den Resultaten einer Befragung der Kölner Psychologin Barbara Contzen zum Thema Flirt zu sehen, aus der hervorging, daß Menschen, die in einer festen Partnerschaft leben, sich leichter tun, ihre Sympathie dem anderen Geschlecht gegenüber zu offenbaren.

Die Aussicht auf ein Wiedersehen steuert ebenfalls die gegenseitige Beurteilung. Wie wichtig ist also das Bedürfnis, mit dem anderen auszukommen? Berscheid und Graziano gingen auf diese Frage näher ein. Durch Zeitungsannoncen wurden insgesamt 27 Frauen und ebensoviele Männer gesucht, die zu diesem Zeitpunkt nicht gebunden und an einer neuen Bekanntschaft interessiert waren. Die Versuchsteilnehmer willigten ein, ihre Kontakte, die durch die Versuchsleiter hergestellt werden sollten, insgesamt fünf Wochen lang der wissenschaftlichen Aufsicht zu unterstellen. Ebenso erklärten sie sich damit einverstanden, nur die ihnen zugewiesenen Personen zu treffen, von einer eigenen Kontaktsuche während der Versuchszeit also abzusehen. Berscheid und Graziano unterschieden ein zweifach abgestuftes Abhängigkeitsverhältnis zwischen den zukünftigen Paaren. Ein höherer Abhängigkeitsgrad bestand bei den Paaren, denen mitgeteilt wurde, daß sie während der Versuchszeit von fünf Wochen ausschließlich eine einzige Person als Rendezvouspartner treffen sollten. Bei dieser Konstellation bestand demnach eine starke gegenseitige Abhängigkeit und ein Bedürnis, miteinander auszukommen. Ein geringerer Abhängigkeitsgrad wurde durch folgende Situation hergestellt: Bei ansonsten ähnlichen Bedingungen wie oben wurde den Versuchspersonen dieser Gruppe mitgeteilt, sie würden eine bestimmte Person nur ein einziges Mal sehen, und während der übrigen 4 Wochen eine andere. Berücksichtigt wurden zudem die persönlichen Eigenschaften der Versuchsteilnehmer, wobei insbesondere der Grad der Selbstbeherrschung getestet wurde, da Menschen mit starker Selbstkontrolle vermehrt auf ein kontrolliertes Verhalten der anderen achten[8]. Im Anschluß an diese Vorbereitungen bekamen sie die möglichen Partner auf Video zu sehen, wobei der ihnen zugedachte Partner neben zwei anderen Personen zu finden war. Gemessen wurde, wie oft und wie lange sich die Versuchspersonen jeweils die ihnen zugeteilte Person im Vergleich zu den anderen beiden ansahen. Es zeigte sich, daß der ausgewählte Mann beziehungsweise die Frau von den Versuchspersonen am längsten angesehen und am besten eingeschätzt wurde, wenn die Abhängigkeit größer war, sie also davon ausgingen, sie würden den ihnen zugeteilten Partner jede Woche einmal sehen. War die gegenseitige Abhängigkeit größer und damit auch das Bedürfnis, miteinander auszukommen, so schenkten die Versuchspersonen den zukünftigen Partnern mehr Aufmerksamkeit, schätzten sie als attraktiver ein und vermuteten bei ihnen positivere Eigenschaften[9].

In unserem eigenen Versuch bestand kein Abhängigkeitsverhältnis zwischen den Schülern, da diese die Wahrscheinlichkeit eines Wiedersehens sicherlich als äußerst gering einschätzten, sofern sie diesen Gedanken überhaupt hegten.

Erweitert man den Bedürfnisbegriff um einen Schritt, gelangt man zu der sogenannten Kosten-Nutzen-Rechnung, der Austauschtheorie (exchange-theory) von Thibaut und Kelley. Kann der andere mir bieten, was ich brauche? Bekomme ich vom anderen zurück, was ich in die Beziehung investiert habe – wenn möglich sogar mehr als das? Thibaut und Kelley bezeichnen diese Faktoren als die Hauptfaktoren, die eine positive Entwicklung in einer Beziehung bewirken können. Sobald die Kosten, die jemand in eine Beziehung investiert, deren Nutzen übersteigen, wird die Beziehung „unrentabel" – sie steht somit auf „wackeligen Beinen" und ist auf längere Sicht zum Scheitern verurteilt. Die Kosten-Nutzen-Rechnung wird am Beispiel „Urlaubsflirt" besonders deutlich: Ein Liebespaar hat im Ferienort am Strand täglich die Möglichkeit, sich unter für beide angenehmsten Bedingungen zu treffen. Angenommen, ihre eigentlichen Wohnorte seien weit voneinander entfernt, müßte die Zuneigung schon besonders groß sein, damit einer die lange Reise auf sich nähme (hohe Kosten), um auch nach dem Urlaub eine kurze, schöne, gemeinsame Zeit mit dem anderen zu verbringen (Nutzen). Stellt sich nun die Frage, wer wen öfters besuchen soll, ist das bereits eine Kostenfrage. Besucht er sie nun öfter, da sie beispielsweise kein Auto hat, so übersteigen seine Kosten die ihrigen. Sie hat vergleichsweise geringe Kosten – wenn überhaupt, dann durch das Warten auf ihn. Bei ihm übersteigen die Kosten den Nutzen, es sei denn, seine Liebe wäre stark genug, alles in Kauf zu nehmen, um sie zu sehen. Nur darin besteht die Chance, daß die im Urlaub als traumhaft empfundene Beziehung auch danach für eine gewisse Zeit bestehen bleibt.

Im Fall unseres eigenen Versuchs waren sich die Versuchspersonen bewußt, daß sie sich, wenn nicht auf eigene Initiative, nach dem Experiment nicht mehr treffen würden. Der Aufwand (Kosten), den das Bestreben darstellt, sich als ein möglichst attraktiver Partner zu präsentieren, übersteigt dann den Nutzen, vom anderen gemocht zu werden, wenn die Wahrscheinlichkeit eines Wiedersehens sehr gering ist. Die Schüler konnten überdies nicht ahnen, daß ihnen nur 10 Minuten Zeit gegeben war, sich kennenzulernen. Ihr Zusammensein erforderte aus ihrer Sicht zudem nicht notwendigerweise ein Gespräch, bzw. ein näheres Aufeinandereingehen, da sie ihre Begegnung primär auf eine gemeinsame Videobewertung zurückführten; keiner der Wartenden wußte, ob sich eine Kontaktanbahnung, schon allein unter zeitlichem Gesichtspunkt, überhaupt lohnte.

Die Möglichkeit eines Wiedersehens übt einen entscheidenden Einfluß auf den Verlauf der Begegnung aus. Eine entsprechende Gewißheit führt zu einer wesentlich engagierteren und offeneren Gesprächsführung[10]. Schließlich kann es zu der Befürchtung der Gesprächspartner kommen, beim nächsten Wiedersehen von ihrem Gegenüber negativ eingeschätzt zu werden. Sie verhalten sich infolgedessen bei Begegnungen mit wahrscheinlichem Wiedersehen anders, als wenn sie sich der „Einmaligkeit" des Treffens bewußt sind.

Gleich zu gleich gesellt sich gern

Von der Austauschtheorie kommen wir nun zu dem Phänomen: *Gleich zu gleich gesellt sich gern*. In den 40er Jahren stellten Soziologen fest, daß sich Ehepartner hinsichtlich vieler unterschiedlicher Merkmale ähneln. Man begann daraufhin die im Volksmund gern zitierten Aussagen „Gegensätze ziehen sich an" und „Gleich gesellt sich gern zu gleich" einander gegenüberzustellen. Doch was ist mit „gleich" beziehungsweise „ungleich" eigentlich gemeint? Man untersuchte die Ähnlichkeit der Ehepartner hinsichtlich der unterschiedlichsten Faktoren, etwa des sozialen Status , des Alters[11], der Intelligenz[12], des Bildungsstands[13], der Konfession[14], der physischen Attraktivität, der Charaktereigenschaften[15], der Weltanschauung[16], um nur einige zu nennen. Sogar die räumliche Entfernung vor der Eheschließung war Gegenstand dieses Forschungsgebiets. So stellte man beispielsweise in Columbus, Ohio, fest, daß über 50% der Ehepartner, die in dieser Stadt verheiratet waren, zum Zeitpunkt ihres ersten Zusammentreffens nicht weiter als 16 Wohnblöcke voneinander entfernt gewohnt haben[17].

Das Phänomen der Gleichheit bei der Partnerwahl bezeichnet man als „assortative mating". Diesen Begriff treffend ins Deutsche zu übertragen, ist schwer. Seiner Definition nach bedeutet er : „die Paarung von Individuen aufgrund ihrer Ähnlichkeit hinsichtlich einer oder mehrerer Kennzeichen." (Buss, 1985) Diese Kennzeichen beziehen sich sowohl auf genotypische (verborgene genetische Veranlagung) als auch auf phänotypische (nach außenhin erkennbare, also sichtbare) Merkmale. Die beiden Autoren Buss und Barnes betonten, auf die langjährige Erforschung des Gleichheitsphänomens zurückblickend, es gäbe, vom Geschlechtsunterschied abgesehen, keinen einzigen wissenschaftlich nachweisbaren Hinweis auf „negative assortative mating" (bevorzugte Ungleichheit bei der Partnerwahl).

Nun liegt es nahe, das Argument anzuführen, die Ehepartner würden sich im Laufe ihrer Beziehung einander angleichen; das mag sicherlich auch des öfteren der Fall sein. Langzeitstudien, bei denen man die Entwicklung von Partnerschaften eingehend studierte, zeigten jedoch, daß bei den meisten Paaren bereits vor der Eheschließung eine grundsätzliche Ähnlichkeit vorgeherrscht hatte. Im übrigen konnten Wissenschaftler den Nachweis bringen, daß die Scheidungsrate bei unähnlichen Paaren wesentlich höher ist als bei ähnlichen.[18]

Ähnlichkeit spielt aber auch bei der Freundeswahl eine wesentliche Rolle. Bereits bei Kindergartenkindern ließ sich dieser Zusammenhang beobachten[19]. Je mehr man den anderen als ähnlich empfindet, desto größer ist die Bereitschaft, diesem Empathie entgegenzubringen und ihm beizustehen[20]. Der kanadische Wissenschaftler Philippe Rushton veröffentlichte 1989 eine Studie, in der er dem Phänomen der Ähnlichkeit in Freundschaften heterosexueller Männer nachging. Seine Beurteilungskriterien reichten von Persönlichkeitsmerkmalen über Weltanschauung bis hin zu Körpermerkmalen wie Armumfang, Länge des Mittelfingers, Umfang des Handgelenks etc. Sogar die Blutgruppensysteme dienten der Analyse genetischer Ähnlichkeit von Freunden. Rushton zieht aus seinen Ergebnissen die Schlußfolgerung, die genetische Komponente spiele bei der Freundeswahl eine maßgebliche Rolle, ja sie dominiere sogar in ihrer Wichtigkeit über die Bedeutung äußerer Einflüsse[21].

Das Gleichheitsphänomen läßt sich auf unterschiedlichen Ebenen begründen. Soziobiologen vertreten den Standpunkt, jedes Individuum strebe nach einer Maximierung der Weitergabe eigener Gene. Die Fortpflanzung unter Verwandten würde – statistisch betrachtet – diesem Bestreben am ehesten gerecht werden. Die Gefahr, daß jedoch rezessive (verborgene) negative Gene auf diese Weise hervortreten, ist bei der Fortpflanzung unter nahen Verwandten zu groß. Dieser Effekt wird daher durch das auch im Tierreich bestehende Inzesttabu weitgehend verhindert. Um beiden Anforderungen nachzukommen, ist ein Kompromiß notwendig, indem man Paarungen mit nahverwandten Individuen vermeidet, andererseits sich bei der Partnerwahl an Kriterien orientiert, die beim anderen ein ähnliches Erbgut vermuten lassen. Es bleibt die Frage, welche Vorteile das Individuum von einer Maximierung seiner Gene eigentlich hat. Als Triebfeder für das „assortative mating" ist die Notwendigkeit und das Bestreben anzusehen, sich in einem altruistischen Sozialgefüge eingebettet zu wissen. Für das Überleben einer Gruppe ist zudem ein gewisser Konsens dringend erforderlich. Eine möglichst große Ähnlichkeit der Gene dient der Reduzierung sowohl des Wettbewerbs unter Gruppenmitgliedern als auch deren gegenseitigen Bekämpfung – so kämpften sie doch gegen ihre eigenen Gene; das würde indes dem Bestreben der Genmaximierung widersprechen.

Betrachtet man das Ähnlichkeitsphänomen von psychologischer Seite, so gelangt man u. a. zur These von Hatfield et al., die davon ausgehen, die Ungleichheit zweier aufeinander treffender Personen löse bei diesen Unbehagen aus. Dieses wirke sich indes wiederum verständlicherweise negativ auf die Begegnung aus. Übereinstimmungen, etwa der Meinungen, führe bei beiden infolge des Gefühls des „Verstandenwerdens" schnell zu einer Reduzierung des Unsicherheitsgefühls und beschleunige somit die Vorhersagbarkeit des Verhaltens des anderen. Ein Versuch beschäftigt sich mit Paaren, die man nach ihren Ansichten bezüglich verschiedenster Dinge gefragt hatte und aufgrund ihrer Ähnlichkeit einander zugeordnet hatte. Ziel dieses

Experiments war, festzustellen, wie sehr sich die Ähnlichkeit der Paare auf deren Zufriedenheit mit dem Treffen auswirkte. Das Aussehen des anderen, also die physische Attraktivität, spielte zwar eine große Rolle, als besonders wichtig stellte sich jedoch zudem die Übereinstimmung ihrer Meinungen heraus. Byrne, der 1970 dieses Experiment mit Kollegen durchführte, kam zu folgendem Schluß: Treffen sich zwei Menschen zum ersten Mal, so entscheiden das Aussehen und die Meinungsgleichheit maßgeblich, ob es zu einem Wiedersehen kommt[22].

Eine aufwendige Befragung, 1978 von den drei Wissenschaftlern Hatfield, Walster und Traupmann durchgeführt, bestätigte die Gleichheitstheorie bei insgesamt 537 Partnerschaften ebenfalls (s. Hatfield).

Unähnlichkeit der Partner wird von diesen meist als streßauslösend empfunden. So wurde sogar an der Veränderung des Hautwiderstandes der Versuchsteilnehmer eine Verbindung zwischen Übereinstimmung und dem Grad der emotionalen Erregung festgestellt[23]. Es dürfte von daher leicht nachvollziehbar sein, daß eine Beziehung, in der sich die Partner aufgrund ihrer steten Meinungsverschiedenheiten gegenseitig „aufreiben", in der Regel nicht von sehr langer Dauer sein kann.

Es gibt jedoch noch eine weitere Theorie, die das Ähnlichkeitsphänomen zu erklären versucht. So ist der Mensch gemeinhin der Auffassung, Übereinstimmung sei ein Zeichen von Sympathie[24]. Forschungsarbeiten auf diesem Gebiet leisteten Condon und Crano, die annehmen, Sympathie sei reziprok. Das bedeutet, daß der Mensch dazu tendiert, seine Sympathie dem anderen gegenüber von dem mutmaßlichen Grad der ihm entgegengebrachten Sympathie abhängig zu machen: „Ich fühle mich um so stärker zu dir hingezogen, je mehr ich annehme, daß du mich magst."

Die einzige Ausnahme bei dem Gleichheitsphänomen bilden die Faktoren „Dominanz" und „Submission" (Überlegenheit-Unterordnung). Die Hierarchienbildung ist Kennzeichen fast aller Begegnungen, wie schon die Primatenforschung zeigt. So gibt es keine nichtmenschliche Primatenart, in der zwei Gruppenmitglieder die gleiche Rangposition einnehmen.

Übrigens läßt sich die Dominanz- bzw. Submissionsposition zweier Gesprächspartner bereits innerhalb der ersten 30 Sekunden einer Begegnung beobachten, wie Experimente von Mazur und Cataldo bewiesen. Weiteres zum Thema „Dominanz und Submission" wird im letzten Kapitel zu lesen sein.

Unsere Daten lassen – abgesehen von der Attraktivität – leider keine relevanten Aussagen über die Ähnlicheit der Schüler zu. Der kurze Exkurs in das Gebiet des „assortative matings" sollte jedoch veranschaulichen, wie tiefgreifend scheinbar verborgene Faktoren menschliche Beziehungen bestimmen können.

Äußeres Erscheinungsbild und Attraktivität

Das Aussehen eines Menschen stellt zunächst die einzige Informationsquelle für die Beurteilung durch den anderen dar. Trüge man seinen Intelligenzquotienten für alle sichtbar in die Haut tätowiert, so wäre das äußere Erscheinungsbild nach Sigall und Landys Meinung sicherlich nicht mehr so wichtig. Das äußere Erscheinungsbild dient gewissermaßen als Filter, der eine Kontaktanbahnung motiviert bzw. abblockt, wobei attraktive Menschen weniger attraktiven gegenüber im Vorteil sind. Nun ist der Begriff der Attraktivität, wie so viele andere Begriffe, von bestimmten, zeitbedingten Werturteilen abhängig, was dazu führt, daß sich auch der Duden in seiner Definition der Attraktivität sehr allgemein hält: „Attraktiv sein", bedeutet „so beschaffen, aussehen, daß es begehrenswert, anziehend wirkt, besonderen Reiz ausübt". Unter „Attraktivität" ist somit „die Anziehungskraft, die jemand/etwas besitzt", zu verstehen. Diese Definition läßt also offen, was „so beschaffen" im Klartext letzten Endes heißt. Das Begehrenswerte eines Menschen hängt eben nicht allein von seiner eigenen Beschaffenheit ab, sondern zu einem nicht zu unterschätzenden Teil von den irgend erworbenen Vorstellungen des „Begehrenden". Ein Blick in die Kunstgeschichte macht ganz offensichtlich, wie sich etwa das Bild einer „begehrenswerten" Frau im Laufe der Zeit gewandelt hat. Das heutige Schönheitsideal in den westlichen Industrieländern hat mit der barocken Vorstellung von einem attraktiven Menschen nichts mehr gemein. Vor allem die Modebranche weiß Profit aus dem menschlichen Drang, möglichst attraktiv zu wirken, zu schlagen. Innere Einstellungen und Schichtzugehörigkeit lassen sich anhand des Kleidungsstils oft klar erkennen.

„Direkt oder verschlüsselt – Mode macht sichtbar, was in einer Gesellschaft los ist." Unter diesem Motto wurde in einem Artikel der Zeitschrift „Elle" (August 1989) der Kleidungsstil des letzten Jahrzehnts „analysiert".

„Lässige Sakkos und Blazer ohne steife Einlagen, Hemden und Krawatten entsprachen dem Geschmack. Kombiniert mit handgemachtem Schuhwerk und der blauen Allzweckhose von Jeansvater Levi ließ sich mühelos eine bourgeoise Eleganz herstellen ...Nobelaccessoires und Prestigeleder verschönten den Büroalltag und ergänzten das Gesamtkunstwerk Young Urban Professional People, kurz Yuppies genannt....Allround gestylt, eventuell auch turnbeschuht, verließ man morgens die...vier Wände des Appartements oder Lofts, um sich an Erfolgsstätten zu begeben...Daraus resultierte selbstgefälliges Bewußtsein, zu einer priviligierten Schicht zu gehören...der teure Hang zum Understatement machte auch vor den Türen der Kinderzimmer nicht halt. Popper, die Jungs und Mädchen mit der weichen Welle vor der Stirn, verlangten, was echt und nicht billig war...Was ihrer Selbstdarstellung und Imagepflege diente, Vespa, Kassettendecks, Wildlederblousons und Cashmere-Pullover, beruhigte das ewig schlechte Gewissen doppelverdienender und somit immer weniger Zeit habender Eltern ... Gefürchtetes Gegenmodell der Vollkaskogesellschaft waren die Punks. „Null Bock" und „No future" zeigten zwar geringes Artikulierungsvermögen, der Zündstoff, den sie an die Mode legten, mischte die Fronten jedoch explosiv auf: ...Jungs und Mädels im schwarzen Leder...mit dem flammend gefärbten Irokesenhaarschnitt, Motorradkettengürteln, Nietenarmbändern und zerrissenen Netzstrumpfhosen.... "

Zweifellos wirkt sich das, was man gemeinhin als Attraktivität bezeichnet, bei der Begegnung zweier Menschen sehr stark auf deren Meinungsbildung aus.

Obwohl in der Forschung niemand die Bedeutung der Attraktivität ernsthaft bezweifelt, gehen die Meinungen über die Bedeutung der einzelnen Komponenten wie Gesicht, Körperbau, Kleidung usw. auseinander. Während Mueser et al. (1984) den Vorrang des Gesichts vor der körperlichen Erscheinung betonen, kommt Jones zu einem genau entgegengesetzten Befund, wobei diese Aussagen einander nicht ausschließen. Brown et al. (1986) stellten eine Gleichwertigkeit fest.

Wie dem auch sei, die Tatsache, daß das Gesicht bei der Beurteilung eine wesentliche Rolle spielt, bezweifelt niemand. Welches Gesicht als unzweifelhaft schön zu bezeichnen ist, muß aufgrund der unterschiedlichen Geschmäcker unbeantwortet bleiben.

„Ein Gesicht ist blöde, wenn der Abstand von einem Augenwinkel zu der Mitte des Nasenflügels kürzer ist als der Abstand von dort zum Mundwinkel...Ein Gesicht ist dumm und blödsinnig, wenn die Stirne, gemessen mit einem biegsamen, eng anliegenden Maß, wesentlich kürzer ist als die Länge der Nase, gerechnet von der Nasenwurzel; mit einem gerade gestreckten Maß gemessen, muß sie aber dieselbe Länge haben...Je größer der Winkel, den, im Profil betrachtet, das Auge mit dem Mund bildet, desto schwächer und träger ist die Auffassungsgabe"

– so beschrieb Devereux im Jahre 1903 die Schönheit des Gesichtes in seinem „Wörterbuch der Liebe". Gehen wir jedoch einmal von den Gesichtern aus, die nach Ansicht der Werbe- und Modebranche eine positive Signalwirkung auf den Betrachter ausüben, so stellt sich heraus, daß sich diese hinsichtlich ihrer Maße sehr ähneln. Mißt man nämlich die Abstände der Augen voneinander, von den Augen zum Mund, zur Nase etc., so wird man bemerken, daß diese bei den unterschiedlichsten Modellgesichtern gewisse Gemeinsamkeiten aufweisen. Diese im Durchschnitt feststellbare Gleichmäßigkeit der Gesichter wird beim Betrachter als harmonisch empfunden. Wie kommt es nun zur Assoziation der Harmonie und der Gleichmäßigkeit des Gesichtes?

Ein Mensch sieht im Laufe seines Lebens zahllose unterschiedliche Gesichter, aus deren charakteristischer Vielfalt er sich mit der Zeit ein individuelles „Idealmuster" (individuelles Standardgesicht) formt. Bei diesem Prozeß steht das statistische Mittel im Vordergrund. Zur Verdeutlichung sei eine Untersuchung des Münchener Universitätsprofessors Hans Daucher[25] beschrieben. Daucher legte 20 verschiedene Frauenportraits fotographisch übereinander, Fixationspunkt waren die Augenpupillen. Im Endbild verschwammen die von der Norm abweichenden, herausragenden individuellen Gesichtszüge, die allen gemeinsamen Gesichtsmerkmale hingegen traten verstärkt hervor.

Die „Verrechnungsvorgänge" der visuellen Wahrnehmung im menschlichen Gehirn basieren unter anderem auf ähnlichen Vorgän-

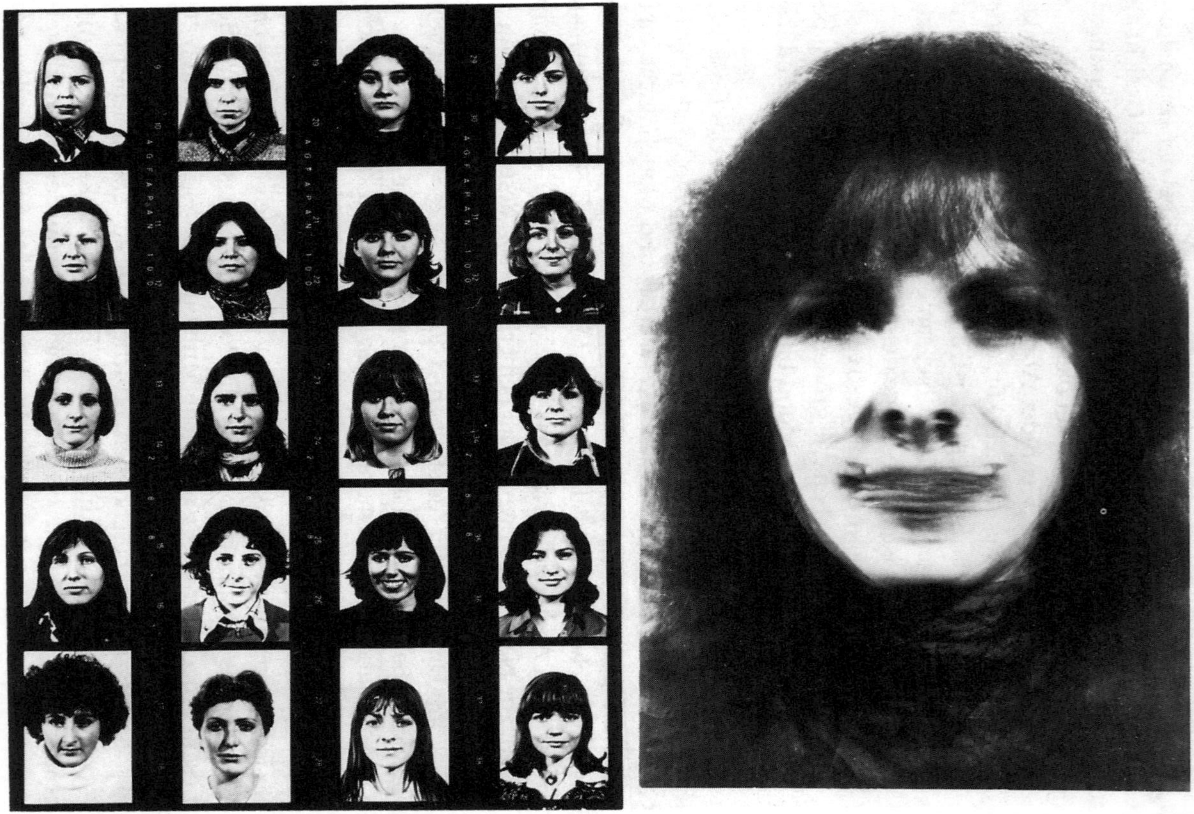

Abb. 2: Legt man mehrere Gesichter aufeinander, so ergibt sich aus deren Mittel ein „Gesamtgesicht“, das durch seine Gleichmäßigkeit auf den Betrachter ansprechend wirkt. (Foto: Daucher, 1967)

gen. Aufgrund der Modellvorstellung (Template) des Gesichtes erhalten individuelle Züge einen Signalcharakter, da sie vom individuellen Standardgesicht abweichen. Dieses Standardgesicht, da ohne Abweichungen, das heißt ohne Signalwirkung, wird daher beim Betrachter mehr Harmonieempfindungen auslösen als ein Gesicht mit vielen Signalen (übergroße Nase, zu schmale Lippen etc.). Die Signale, also die Abweichungen von der Norm, können aber nicht nur negativ wirken. So weist Eibl-Eibesfeldt beispielsweise auf die besondere Signalwirkung von großen Augen in Kombination mit einem kleinen Mund hin, da diese dem Kindchenschema entsprechen. Diese Gesichter rufen meist Gefühle des „Beschützenwollens" etc. hervor.

Des weiteren dient die Standardvorstellung einer möglichst schnellen Identifizierung der charakteristischen Gesichtszüge des anderen. Obwohl man von einem individuellen Standardgesicht spricht, ist diese Individualität dennoch kulturell, gesellschaftlich sowie von der Mode geprägt. Betrachtet man heute beispielsweise Photos von Modellen aus früheren Jahren, so werden diese Gesichter aufgrund des anderen Make-ups oder anderer Frisuren nicht mehr in das heutige Schema des Standardgesichts passen.

Zusammenfassend kann man davon ausgehen, daß eine Ebenmäßigkeit des Gesichtes selten zu einer negativen Einschätzung der Attraktivität führt. Normabweichungen hingegen haben stärkeren Signalcharakter, in positiver, aber auch negativer Weise.

Ein Gesicht trägt nicht nur durch seine natürliche Beschaffenheit zur Attraktivität bei, sondern kann auch als Vermittler von Emotionen die Attraktivität ungünstig beeinflussen. So fanden Wissenschaftler[26] heraus, daß die Attraktivitätsbeurteilung bei traurigem Gesichtsausdruck negativer ausfällt als bei glücklichem oder neutralem.

So wie ein ebenmäßiges Gesicht selten zu einer negativen Einschätzung führt, wird auch ein wohlproportionierter Körper kaum allgemeine Ablehnung hervorrufen. Versuche ergaben, daß verschiedene Körperformen unterschiedlichen Bewertungen ausgesetzt sind[27].

Man unterscheidet bei einer groben Einteilung drei wesentliche Körperstrukturen: Leptosomen zeichnen sich durch schmalen, eher schmächtigen, Pykniker durch untersetzten und Athleten durch muskulösen Körperbau aus. Bereits Kinder ab 6 Jahren ordnen diesen unterschiedlichen Körperformen verschiedene Persönlichkeitsmerkmale zu. Pyknikern und Leptosomen werden von ihnen weniger positive

Persönlichkeitseigenschaften zugeschrieben als Athleten. Alles in allem weisen die wissenschaftlichen Untersuchungen darauf hin, daß die negativ-positiv Beurteilung der Körperstatur bei jeder Altersklasse und sämtlichen Rassen der USA starke Ähnlichkeiten aufweisen[28]. Der Wissenschaftler Lavrakas weist überdies darauf hin, daß eine deutliche Abweichung der Männerfigur vom Idealbild dazu führe, daß die Frau möglicherweise weniger Energie in einen weiteren Aufbau der Beziehung investieren werde. Der Standpunkt scheint mir etwas übertrieben; an dieser Überlegung ist aber erkennbar, mit welcher – manchmal überspannten – Intensität Forschungsergebnisse auf dem Gebiet der Attraktion diskutiert werden.

Beck befaßte sich zusammen mit mehreren Kollegen mit der Attraktivitätsbeurteilung des männlichen und weiblichen Körperbaus durch Frauen und setzte diese Einschätzung in Beziehung zu deren Persönlichkeitseigenschaften, die in einem Fragebogen ermittelt worden waren. Die insgesamt 115 Psychologiestudentinnen im Alter von 19 bis 22 Jahren sollten je 15 Männer- und Frauensilhouetten frontal und seitlich betrachten. Dabei wurden folgende Körpermerkmale jeweils variiert: Beinlänge, Brustbreite sowie Gesäß- und Körpergröße. Wiggins et al. befragten 95 Studenten und Lavrakas 70 Studentinnen auf ähnliche Weise. Die folgenden Ergebnisse sollten mit Vorbehalt interpretiert werden, da sie unter äußerst künstlichen Versuchsbedingung entstanden. Um wirklich stichhaltige Aussagen über die Bedeutung der Körperformen machen zu können, müßte man meiner Ansicht nach eine wesentlich realitätsbezogenere Studie heranziehen oder zumindest die Zahl der Versuchspersonen beträchtlich erhöhen. Wenn ich hier dennoch einen kurzen Überblick über die Ergebnisse der drei Untersuchungen gebe, dann nur deshalb, weil sie erstens Paradebeispiele wissenschaftlichen Ideereichtums sind, und ich zweitens meine, daß man zumindest tendenziell manches Ergebnis tatsächlich in der Realität bestätigt findet.

Hier nun ein kleiner Auszug aus den vielen, zum Teil amüsanten Resultaten: Frauen, die im allgemeinen einen hochgewachsenen Mann bevorzugen, sind sportlich, tendenziell „unweiblich" und an Kunst weniger interessiert.

Männer, die eine große Frau bevorzugen, haben, wenn man den Untersuchungen von Wiggins Glauben schenken will, ein erhöhtes Geltungsbedürfnis.

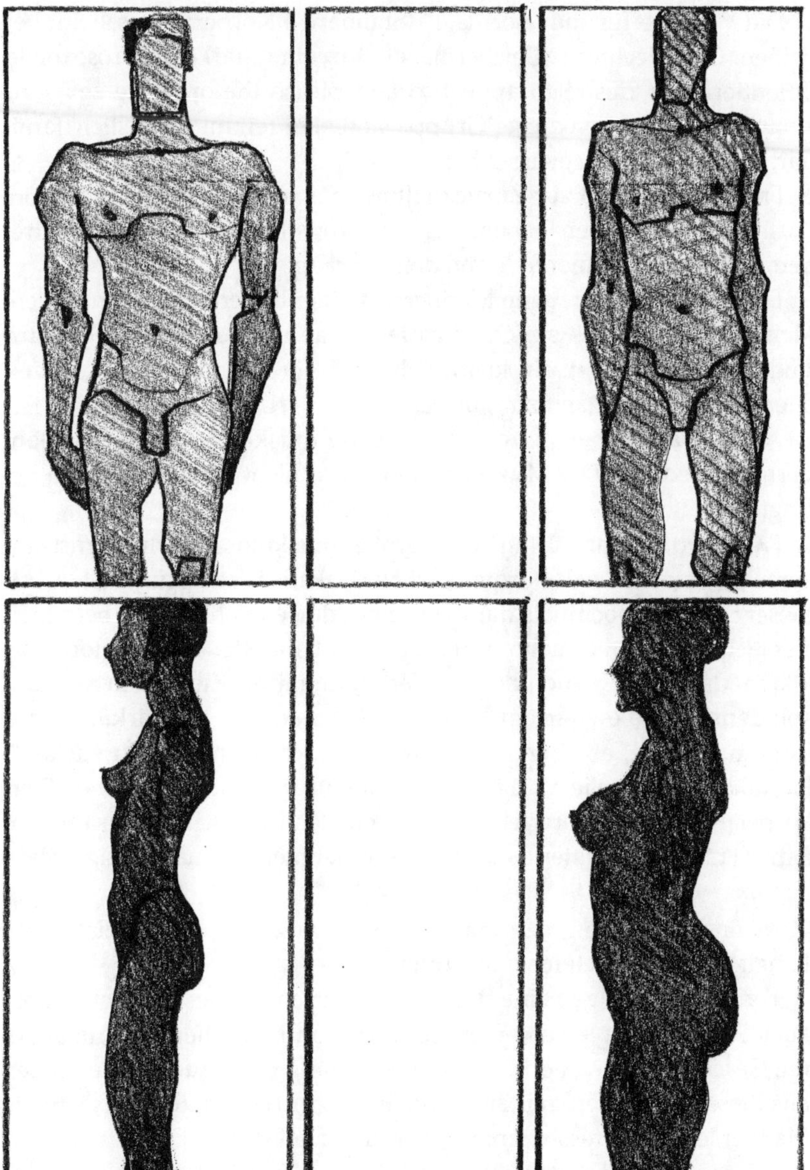

Abb. 3: Die Bevorzugung bestimmter Körperformen steht im komplexen Zusammenhang mit den unterschiedlichsten persönlichen Eigenschaften. Die Wissenschaft bediente sich ähnlicher Schablonen, um diese Zusammenhänge aufzudecken. (Zeichnung: Mak Aleeva)

Die Vorliebe für die „normale" (Standard-) Körperform scheint bei beiden Geschlechtern gleichermaßen für eine starke heterosexuelle Orientierung („desire to appeal to and please the opposite sex") zu sprechen. Die Frauen dieser Gruppe sind eher feminin, häuslich, familiär, ordentlich und gewissenhaft.

Frauen, die sozial zur Zurückhaltung neigen und meist eine höhere Ausbildung genossen haben, gar eine künstlerische Karriere anstreben, geben dem kleineren Mann den Vorrang.

Desgleichen bevorzugen Männer aus einer höheren sozialen Schicht kleinere Frauen. Das spricht für die Annahme von Moore, Stuckard und Srole, die besagt, ein kleiner, dünner Körperbau sei ein Kennzeichen der Zugehörigkeit zur „upper class".

Alles in allem bevorzugen Frauen die muskulöse Brust bei Männern nur bedingt. Der Muskelmann ist also nicht bei allen Frauen gefragt[29].

Frauen, die dennoch auf eine große, muskulöse Männerbrust ansprechen, sind sozial extrovertiert und akademisch orientiert. – An dieser Stelle sei nochmals daran erinnert, daß es sich bei den befragten Versuchspersonen ohnehin um Studenten handelte. – Die Autoren erklären, daß diese Frauen bei der Verfolgung ihrer Ziele auch an mangelndem Selbstbewußtsein leiden und daher von Verstärkung, also Rückendeckung, abhängig seien und die „schützende Brust suchen". Lavrakas brachte die Vorliebe der Frauen für große männliche Oberkörper mit dem Vatererlebnis während der Kindheit in Zusammenhang. Frauen, die vaterlos aufwuchsen, lehnten schmalbrüstige Männer ab.

Männer, die eine große Frauenbrust bevorzugen, sind sozial unabhängig und stark heterosexuell orientiert.

Ferner sind allgemeine Passivität, Entscheidungsschwäche, aber auch Religiosität typische Eigenschaften von Menschen, die am anderen Geschlecht einen geringeren Brustumfang bevorzugen. Die Frauen aus diesem Personenkreis sind zudem unsportlich, dafür häuslich; die Männer leicht depressiv, unmotiviert und ziellos.

Abb. 4: Der „Muskelmann" ist nicht jeder Frau Sache. Der Wissenschaftler Lavrakas ist der Ansicht, daß vor allem karriereorientierte Frauen mit geringem Selbstbewußtsein auf die starke männliche Brust ansprechen – die schützende Brust suchen. (Zeichnung: Mak Aleeva)

MAK ALEEVA

Die Mehrzahl der Männer findet einen großen Busen schöner als einen kleinen. Frauen hingegen lehnen einen großen Busen bei anderen Frauen ab. Frauen und Männer, die ein größeres Gesäß bevorzugen, neigen zur Unordnung. Die Frauen sind zudem traditionell femininer und sportlicher. Die Männer aus dieser Gruppe tendieren zu Ordnungsliebe und weisen oftmals Organisationstalent auf.

Die Bevorzugung des kleinen Hinterns zeugt bei Frauen für ausgeprägtes Karrierebewußtsein, emotionale Reife und starke Wettbewerbsorientierung. Diese Frauen kann man als dominierend und nicht gerade religiös orientiert bezeichnen.

Frauen, die längere Männerbeine vorziehen, sind weniger feminin und nicht so ausgeprägt auf das andere Geschlecht orientiert.

Während Frauen, die kurze Beine bevorzugen, sich dem Partner eher unterordnen, anhänglich und introvertiert sind, zeigen die Männer mit denselben Vorlieben stärkeres sexuelles Interesse. Sie sind auch extrovertierter als Männer, die lange Frauenbeine bevorzugen; letztere sind überdies weniger aggressiv als die Männer, die kürzeren Frauenbeinen den Vorzug geben.

Lavrakas ging bei seinen Forschungen sogar soweit, daß er den Zusammenhang von Drogenkonsum und der weiblichen Präferenz für den Umfang der männlichen Beine untersuchte. Frauen, die dem Drogenkonsum nicht abgeneigt sind, bevorzugen dünne Männerbeine und eine schmale Brust.

So haarsträubend diese diversen Forschungsergebnisse stellenweise auch klingen mögen, aus dem Zusammenhang gerissen sind sie allemal. Daher wäre es fatal, wollte man nun aus dem Besonderen aufs Allgemeine schließen: Mehr als in eine Richtung weisen, in die gedacht werden kann, vermögen sie und sollen sie nicht. Es wird aber doch zumindest deutlich, daß die Körperform eines Menschen bei der Beurteilung durch andere eine wichtige Rolle spielt.

Weitere Komponenten mit Signalwirkung auf den anderen sind äußerlich: Kleidung, Schmuck und Make-up; auch die gesamte Palette der zur Verfügung stehenden Statussymbole (Eigentum, Auto etc.) sollen sich günstig auf die Attraktivität auswirken und gleichzeitig den Sozialstatus und die Lebenseinstellung vermitteln. Beinahe groteske Züge bekommt dieses Repräsentieren heute, wenn manche Menschen viel Geld für Luxusartikel ausgeben, auf denen dann deren Markenzeichen als Sinnbild finanzieller Potenz gleichsam zur Schau getragen wird, z. B. auf Handtaschen, Kleidungsstücken usw.

Ich hoffe nun, die Attraktivität ausreichend umschrieben zu haben: Wenn im folgenden Abschnitt von ‚Attraktivität' die Rede ist, so verstehe ich sie in bezug auf den, der sie jeweils erfährt. Attraktivität gibt es eigentlich nur in subjektiver Hinsicht. Man kann sagen, daß ein Mensch um so attraktiver ist, je begehrter er aufgrund gewisser Eigenschaften ist. Ich will den Eindruck vermeiden, als gäbe es hier eine unbedingte Kausalität. Ein Mensch, auf den sämtliche Attribute der Attraktivität zutreffen, kann dort unattraktiv werden, wo sein (Selbst-) Bewußtsein sich darauf beschränkt, seinen Marktwert zu erhalten. Die Erfahrung zeigt außerdem, daß viele Menschen in der Lage sind, ein unattraktives Äußeres durch ein um so begehrenswerteres Inneres mehr als wettzumachen; allein, diese Beobachtungen wissenschaftlich zu durchleuchten, ist äußerst schwierig, da hier Feinheiten ausschlaggebend sind, die sich durch keinen der üblichen Fragebogen-Versuche erfassen lassen. Da ich mich in diesem Buch aber auf beobachtbare und meßbare Verhaltensweisen beschränke, muß ich diese Abgrenzung vornehmen.

Attraktiven Personen werden, unbhängig von ihrem Verhalten, von vornherein positivere Eigenschaften zugeschrieben als unattraktiven[30]. Bereits im Schulalter haben attraktive Kinder bei der Behandlung durch Lehrer gegenüber ihren weniger attraktiven Schulkameraden einen gewissen Vorteil. Auch in der familiären Erziehung kann man oft beobachten, daß attraktive Kinder im Vergleich mit unattraktiveren mildere Strafen erhalten. Die Attraktivität dürfte somit den Umgang mit anderen Menschen erleichtern.

Bei einem Experiment von Kleck und Rubenstein wurde die Attraktivität der weiblichen „Lockvögel" bei einem Gespräch variiert. Es stellte sich heraus, daß Männer attraktiven Frauen mehr Aufmerksamkeit schenkten als minder attraktiven. Coutts und Schneider setzten zwei attraktive „Lockvögel" unterschiedlichen Geschlechts in ein Wartezimmer und beobachteten, wie oft diese von den anderen wartenden Personen angesehen wurden. Erwartungsgemäß standen die attraktiven Frauen und Männer im Mittelpunkt der visuellen Aufmerksamkeit.

„Der wichtigste Faktor für die gegenseitige Anziehung ist das Aussehen, die Attraktivität", so lautet der Kernsatz des aufwendigen Versuchs von Walster et al., den ich nun beschreiben werde[31].

Im Rahmen einer Kulturwoche wurde ein „Computer Dance“ veranstaltet. 376 Männer und Frauen nutzten die Gelegenheit, mittels eines Computers einen „idealen“ Tanzpartner zu finden. Zu experimentellen Zwecken war bei der Ausgabe der Eintrittskarten für diesen Tanzabend äußerst umständlich verfahren worden. Als erstes wurde dem Teilnehmer die Eintrittskarte von einem Studenten verkauft, dann überprüfte ein weiterer Student den Studentenausweis des Teilnehmers und schickte ihn in einen anderen Raum, wo er von einem dritten Studenten einen Fragebogen erhielt. Ein vierter wies dem Teilnehmer schließlich einen Platz zu, an dem der Fragebogen ausgefüllt werden sollte. (Diese vier „Bürokraten“ hatten in Wirklichkeit die Attraktivität der jeweiligen Versuchspersonen auf einer 8-Punkteskala einzuschätzen.) Der Ermittlungsbogen stellte Fragen nach der Selbsteinschätzung (zum Beispiel: „Fällt es ihnen leicht, jemanden anzusprechen, den sie sehr attraktiv finden?“, oder „wieviele Rendezvous hatten sie in den letzten 6 Monaten“...?) sowie der Risikobereitschaft (ob die Versuchsperson zum Beispiel vor einem „blind date“ Hemmungen hätte). Ferner sollte das Selbstbewußtsein innerhalb einer Gruppe festgestellt werden und schließlich die Erwartungen an den Computer-Tanz allgemein. Von den 376 Paaren, die vom Computer willkürlich kombiniert worden waren, erschienen bis auf 44 Paare alle zum Tanz. Im Laufe des Tanzabends wurde ein weiterer Fragebogen ausgeteilt, der erkunden sollte, wie die Partner sich gegenseitig einschätzten und ob sie Interesse hätten, den anderen wiederzusehen. Das Ergebnis war eindeutig: Je attraktiver der Tanzpartner nach Einschätzung der vier „Bürokraten“ war, desto größerer Beliebtheit konnte er sich erfreuen und desto eher kam es zu einem nochmaligen Treffen des Paares.

Alles in allem läßt sich feststellen, daß Männer wesentlich mehr Wert auf eine möglichst attraktive Partnerin legen als Frauen auf einen attraktiven Mann. Bei Frauen stehen vielmehr die persönlichen Eigenschaften sowie der soziale Status des Mannes an erster Stelle. Schließlich steigen das männliche Ansehen und der soziale Status, wenn ein Mann eine attraktive Partnerin „vorweisen“ kann. Männern mit unattraktiven Frauen hingegen werden Untersuchungen von Bar-Tal und Saxe zufolge allgemein eine eher negative soziale Kompetenz und geringer beruflicher Erfolg zugeschrieben. Bei Frauen wiederum ist ein solcher Zusammenhang weniger deutlich ausgeprägt.

Interviews mit Jugendlichen, die von Zellmann und Goodchilds durchgeführt wurden, brachten ebenfalls zum Vorschein, daß Männer auf das äußere Erscheinungsbild der Frauen mehr Wert legen als dies umgekehrt der Fall ist.

Attraktivität und Sprache

Es bleibt noch ein kurzer Hinweis auf das Verhältnis von Attraktivität und Sprache, das auch in unserem Flirtexperiment analysiert wurde: Die Frage gilt dem Einfluß, den die Attraktivität auf das Sprachverhalten des anderen hat. Pope und Siegmann stellten eine gegenseitige Beeinflussung experimentell fest. Ihre Versuchsteilnehmer waren Frauen im Alter zwischen 20 und 22 Jahren. Ihnen wurden abwechselnd Interviewpartner, Männer von unterschiedlicher Attraktivität, vorgestellt, wobei man beobachten konnte, daß attraktive Männer bei den Frauen eher Unsicherheit auslösten als unattraktive. Dies offenbarte sich insbesondere im Sprachverhalten: Der Redefluß war gestört, es traten Wiederholungen, unvollständige Sätze, Stockungen (äh ...) und mehrere Pausen auf.

Attraktivität und Körpersprache

Die Auswirkung der Attraktivität auf nichtsprachlicher Ebene weist nach Mehrabian (1969) einen interessanten geschlechtsspezifischen Unterschied auf: Männer neigen dazu, einer sehr attraktiven Partnerin gegenüber eher eine abgewandte Körperhaltung einzunehmen. Bei neutraler oder geringerer Attraktivität hingegen wenden sie sich ihr zu. Frauen verhalten sich genau umgekehrt: attraktiven Männern wenden sie sich eher zu als unattraktiven.

Die Auswirkung der Attraktivität auf das sprachliche und nichtsprachliche Verhalten wird weiter unten noch ausführlicher beschrieben werden.

Die Bedeutung der Selbsteinschätzung

Eine wesentliche Rolle beim Umgang mit anderen Menschen spielt auch die Selbsteinschätzung, das heißt: Wie bewerte ich mich selber, empfinde ich mich als attraktiv, als intelligent, habe ich eine sozial gut gestellte Position und empfinde mich aus diesem Grund für andere begehrenswert (hohe Selbsteinschätzung); oder ist das Gegenteil der Fall, leide ich unter Minderwertigkeitskomplexen und muß mich im Vergleich mit anderen als unattraktiv bezeichnen (niedrige Selbsteinschätzung)?

Man kann sagen, daß die Selbsteinschätzung, abgesehen natürlich von Kindheitserlebnissen, vor allem von Erfolgserlebnissen bzw. Niederlagen im zwischenmenschlichen und beruflichen Bereich abhängig ist. Das Verhalten der Mitmenschen kann sich stark prägend auf die Selbsteinschätzung eines Menschen auswirken. Wer bei anderen ständig auf Ablehnung oder Gleichgültigkeit stößt, aus welchen Gründen auch immer, wird nach und nach seine Selbsteinschätzung danach ausrichten. Dieser dynamische Prozeß schließt leider eine Selbst-Fehleinschätzung nicht aus. Was ein Mensch von seiner Umwelt an Signalen empfängt und wie er sie deutet, muß nicht unbedingt der Wahrheit entsprechen, und dennoch wird er sie für die Wahrheit halten. Die Selbsteinschätzung wiederum beeinflußt den Umgang mit anderen Menschen entscheidend. So steht beispielsweise die Angst eines Mannes, von einer Frau abgewiesen zu werden, nicht nur in Abhängigkeit zu ihrer Attraktivität, sondern auch zu seiner Selbsteinschätzung.

Kiesler und Baral manipulierten die Selbsteinschätzung ihrer männlichen Versuchspersonen, indem sie diese einem Intelligenztest unterzogen und einen falschen Intelligenzquotienten bekanntgaben. Anschließend wurde die Versuchsperson in eine Cafeteria geführt und einem weiblichen Lockvogel „zufällig" vorgestellt. Die Attraktivität dieser Frau wurde mittels Kleidung, unterschiedlicher Frisur und Make-up ständig variiert. Es ergaben sich folglich diese vier möglichen Kombinationen:

1. Ein Mann mit geringer Selbsteinschätzung (aufgrund des schlechten Testergebnisses) trifft auf die attraktive Frau.
2. Ein Mann mit hoher Selbsteinschätzung (gutes Testergebnis) trifft auf die unattraktive Frau.

3. Ein Mann mit hoher Selbsteinschätzung trifft die attraktive Frau.
4. Ein Mann mit geringer Selbsteinschätzung begegnet der unattraktiven Frau.

Die Gespräche dauerten jeweils 30 Minuten und wurden heimlich aufgenommen. Es stellte sich heraus, daß die Männer mit einem geringen Selbstbewußtsein eher auf die unattraktive Frau, und Männer mit hohem Selbstbewußtsein eher auf die attraktive Frau positiv ansprachen, indem sie nach der Telefonnummer fragten und um ein nochmaliges Treffen baten. Die Angst, zurückgewiesen zu werden, beeinflußt den Grad der Risikowahrnehmung und steht, wie dieser Versuch zeigt, in einem engen Zusammenhang mit der eigenen Einschätzung und der des Partners. Das Risiko, von einer attraktiven Frau zurückgewiesen zu werden, gehen nur die Männer mit einer genügend hohen Selbsteinschätzung ein.

Der Versuch zeigt also, wie sehr die Reaktion der Männer auf eine attraktive Frau von ihrer Selbsteinschätzung abhängig ist und wie sehr diese auch manipulierbar ist.

Huston reduzierte in einem ähnlichen Versuch bei der Hälfte seiner männlichen Versuchspersonen die Risikowahrnehmung auf ein Minimum, indem er ihnen sechs Photos von unterschiedlich attraktiven Frauen mit dem Hinweis vorlegte, diese würden sich mit den Männern aufgrund deren Photos gerne treffen, und sie sollten sich eine der Frauen aussuchen. Auf diese Weise konnte auch dem unattraktivsten Mann glaubhaft gemacht werden, sogar die attraktivste der sechs Frauen sei an einem Treffen mit ihm interessiert. Die Angst, von der Frau zurückgewiesen zu werden, wurde ihnen somit genommen. Die andere Hälfte der Männer sollte sich eine Frau aussuchen, ohne deren Bereitschaft zu kennen. Die Männer, denen das Interesse der Frauen zugesichert worden war, wählten die attraktiveren Frauen aus, während sich die anderen eher für die Frauen mittlerer Attraktivität entschieden.

Darüber hinaus zeigten Grube et al., daß Männer mit einer eher niedrigen Selbsteinschätzung Frauen bevorzugen, die weniger selbstsicher, selbständig und karriere-orientiert sind, also ihre traditionelle Frauenrolle beibehalten, sich in erster Linie um Haushalt und Kinder kümmern. Bei Männern mit hoher Selbsteinschätzung verhält es sich genau umgekehrt. Selbstbewußtes, vielleicht auch dominantes Verhalten der Frau wirke demnach auf Männer mit geringer Selbsteinschätzung unter anderem beängstigend, lautet die Schlußfolgerung der Autoren[32].

Andere Untersuchungen dieser Art wurden mit Frauen durchgeführt. So befaßten sich beispielweise die beiden Wissenschaftler Shanteau und Nagy mit der Frage, ob auch Frauen anhand von Photographien einen möglichen Rendezvouspartner eher danach auswählen, ob der betreffende Mann mutmaßlich in ein Treffen einwilligen würde, und welche Rolle die Attraktivität des Mannes hierbei spielt. Die erste Frage wurde im Gegensatz zur zweiten eindeutig bejaht. Frauen wählen ihren Partner in Abhängigkeit von der geschätzten Wahrscheinlichkeit seiner Akzeptanz, also bei geringem Risiko.

Für unser Experiment ist natürlich die Frage interessant, ob und wie sich Unsicherheit im Verhalten auswirkt. So weisen Berger und Calabrese auf einen engen Zusammenhang zwischen Sprachproduktivität und Unsicherheit aufgrund geringer Selbsteinschätzung hin[33].

Zu ähnlichen Ergebnissen kommen auch Jurich und Jurich. Sie stellten ihren Versuchspersonen in einer Art und Weise Fragen, daß die Teilnehmer in einen unsicheren, ängstlichen und gestreßten Zustand versetzt wurden. Der Angstzustand wurde anhand der Schweißabsonderung der Handflächen gemessen. Es zeichnete sich deutlich ab, daß der Redefluß bei Erhöhung des Angstzustandes mehr Störungen aufwies. Zieht man diese Annahmen in Betracht, so wäre bei der Analyse des Sprachmaterials aus unserem Schülerversuch ebenfalls zu erwarten, daß die gegenseitige Einschätzung, in der sich natürlich auch Selbsteinschätzung und Attraktivität manifestieren, sich im sprachlichen Bereich widerspiegeln müßte. Wir werden sehen, ob sich die Einschätzung bereits in den ersten 30 Sekunden auf das Sprachverhalten auswirkt (oder nicht).

Auf der nichtsprachlichen Ebene erkennt man Unsicherheit insbesondere am Blickverhalten, was ich jedoch erst weiter hinten ausführlicher erörtern möchte.

Zweites Kapitel

Die menschlichen Strategien

Wenn Menschen miteinander in Kontakt treten, haben sie meist ein Ziel vor Augen, sei es, Sympathie zu erwecken, sei es, sich die Zeit zu vertreiben oder Informationen auszutauschen. Die mit diesen Zielen jeweils verknüpften Erwartungshaltungen bestimmen die Begegnung maßgeblich.

Nach Goody gehört die Annahme, der andere verfolge mit seinem Handeln stets ein gewisses Ziel, zu den Universalien[34]. Das Verhalten des anderen voraussehen zu können und die Fähigkeit, mit dem Interaktionspartner Übereinstimmung herzustellen, verhilft zur Entwirrung der Komplexität und zur Entspannung in einer Begegnung[35]. Darüber hinaus spielt auch das Erkennen der eigenen und der fremden Absichten eine wichtige Rolle. Bevor man sich auf ein Gespräch einläßt, wird man zuerst einmal nach den Motiven fragen, die hinter der Kontaktsuche des anderen stehen. Je nach der Situation empfindet man sie als störend und aufdringlich oder – in anderen Fällen – als angemessen, angenehm und willkommen. Infolgedessen fällt auch die Reaktion auf die Kontaktsuche des anderen – in Abhängigkeit von der jeweiligen Situation – unterschiedlich aus.

Warum erfordert der Umgang mit Menschen Strategien?

Das komplexe Gruppenleben des Menschen konnte im Verlauf der Evolution nur durch Anpassung entstehen. Bedingung für ein erfolgreiches Gruppenleben ist das Streben aller Beteiligten nach Konvergenz (Übereinstimmung) der Ziele, was wiederum eine gewisse Kooperation voraussetzt. Zu der bereits beschriebenen Scheu des Menschen vor seinem Mitmenschen kommt die Angst vor einem möglichen Ausschluß aus der Gesellschaft, da jede Isolierung die eigene Existenz gefährdet.

> „Die Androhung einer Ausstoßung durch demonstrative Kontaktverweigerung wirkt demnach im höchsten Grade alarmierend und bremst damit jede weitere Aktivität, die die Gefahr eines Kontaktabbruches fördern würde". (Eibl-Eibesfeldt, 1980, S. 277).

Das Individuum wird daher versuchen, seine Interessen weitgehend mit denen der Gesellschaft in Einklang zu bringen. Das geschieht mit Hilfe vieler unterschiedlicher Strategien. Dem Schweizer Psychologen Mario von Cranach (1980) zufolge ist das menschliche Verhalten als ein Formen von Wegenetzen zu verstehen, das zu bestimmten Zielen führen sollen. Die zur Erreichung dieser Ziele bevorzugten Folgen von Handlungsschritten werden Strategien genannt. Im Rahmen eines kulturvergleichenden Dokumentationsprogrammes filmt Eibl-Eibesfeldt seit über fünfzehn Jahren ungestellte soziale Auseinandersetzungen.

> „Die bisherige Auswertung hat ergeben, daß bestimmte Interaktionsstrategien in allen untersuchten Kulturen wiederkehren. Ihre Universalität dürfte auf stammesgeschichtlichen Anpassungen beruhen."(Eibl-Eibesfeldt, 1980, S. 276).

Diese Strategien lassen sich in agonistische (abwehrende) und in kooperativ-bindende aufteilen. Der Unterschied wird dadurch erkennbar, daß man bei den letzteren, also den kooperativ-bindenden, „auf den Partner keinen Dominanzdruck ausüben soll und umgekehrt, solchen Intentionen des Partners vorbeugt" (Eibl-Eibesfeldt, 1984, S. 636).

Form, Art, Qualität, Anzahl und Ablauf der innerhalb von Strategien verwendeten Handlungsschritte beschreibt Grammer (1982) als „innere Organisation" der Strategien. Als „äußere Organisation" bezeichnet er die Regeln, nach denen die Zielpersonen ausgesucht werden. Für die Wahl der Zielperson spielen die Dimensionen „dominant" bzw. „submissiv" und „freundlich" bzw. „feindlich" eine Rolle.

Im folgenden möchte ich nun mehrere von der Humanethologie beschriebene Interaktionsstrategien aufführen, die bei einem Erstkontakt von Bedeutung sind und auch bei unserem Versuch beobachtet wurden (siehe hierzu auch Eibl-Eibesfeldt, 1984, S. 642 ff).

Als erste sei die Strategie der freundlichen Kontakteröffnung genannt. Sie ist so wichtig, daß ich ihr weiter unten ein eigenes Kapitel gewidmet habe.

Des weiteren beschreibt Eibl-Eibesfeldt die Strategien der Bandbestärkung. Sie sollen die emotionale Bindung vertiefen und finden ihren Ausdruck in Ritualen der Einigkeitsbezeugung, der Bekundung von Anteilnahme und anderen gemeinschaftlichen Aktionen. Die Anwendung dieser Strategien war auch bei unserem Flirtprojekt zu beobachten: Hauptthema der Gespräche war der schulische Bereich, also eine für alle Gesprächspartner erkennbare, gemeinsame Basis.

Rituale wechselseitiger Betreuung, Schenkrituale und Bewirtung, zählen ebenfalls zu den Strategien der Bandbestärkung, und auch hierfür fanden sich bei unseren Schülern Beispiele: Ein Paar kam erst richtig ins Gespräch, nachdem das Mädchen aus einem Stück Alufolie einen Aschenbecher für ihn konstruiert hatte. Auch das gegenseitige Anbieten von Süßigkeiten und Zigaretten war häufiger zu beobachten.

Die Strategien, die die Gruppenharmonie erhalten, umfassen beispielsweise die Aggressionsabblockung durch submissives Verhalten und Beschwichtigung durch Anerkennung, wie etwa Ehrerweisungen, Lob und Selbstherabsetzung. „Ehrerweisungen" kamen bei unserem Experiment häufig in Form von Komplimenten vor. Zur Selbstherabsetzung neigten vor allem die Frauen. Sie betonten im Gegensatz zu den Männern oft ihre schlechten Schulnoten. Die Männer hingegen versuchten immer wieder, ihre Qualitäten in den Vordergrund zu stellen, indem sie von ihren hervorragenden Schulleistungen sprachen oder ihr besonderes Können auf anderen Gebieten erwähnten. Diese Selbstdarstellung zählt u. a. zu den Strategien des Rangstrebens, auf die ich weiter unten im Zusammenhang der Gesprächseröffnung ausführlicher eingehen werde.

Neben den Strategien der Bandstiftung, der Gruppenbindung und den Strategien des Rangstrebens sind bei unserem Experiment auch diejenigen zu erwähnen, die der Sympathiegewinnung dienen.

Bell und Daly (1984) zufolge betreibt der Mensch einen ungeheuren sozialen Aufwand, um Sympathie zu erlangen: Die Konversationsregeln werden streng eingehalten, man vermeidet beispielsweise, den anderen zu unterbrechen und zeigt sich bemüht, dessen Äußerungen aufmerksam zu verfolgen. Des weiteren zielt die Art der Selbstdarstellung darauf ab, beim anderen den Eindruck von Lebhaftigkeit und Enthusiasmus entstehen zu lassen. Nonverbale Zeichen wie Lächeln[36], vermehrter Blickkontakt, „offene" Körperhaltung sowie eine geringere Körperdistanz[37] zeugen gleichfalls von Sympathie.

Deutliches Interesse wird vom Gesprächspartner tatsächlich mit Sympathie belohnt. So wurden bei einem Experiment von Clore et. al. diejenigen als angenehme und sympathische Gesprächspartner beurteilt, die ihr Interesse durch Lächeln, häufiges Nicken und Blickkontakt bekundeten. Als kalt und unangenehm hingegen wurde empfunden, wer desinteressiert im Raum umherblickte.

Man kann davon ausgehen , daß der Mensch allgemein zur Annahme neigt, sein Gefühl dem anderen gegenüber werde von diesem erwidert, sei mithin reziprok. Heider, der diese Meinung vertritt, beschreibt mit seiner „balance theory" (Gleichgewichts-Theorie) die gegenseitige Anziehungskraft als ein Streben nach Symmetrie. Eine als ungleich empfundene Verteilung der Sympathien führe zu einem negativen und unguten Gefühl, das nun nach einem Ausgleich strebe. Mit anderen Worten, man erwarte vom Gegenüber ein dem eigenen Gefühl entsprechendes Pendant zur Herstellung der Gleichheit (Symmetrie).

Ein Ungleichgewicht würde zum Beispiel dann entstehen, wenn man beim anderen mehr Zuneigung wahrnimmt, als man selber für ihn aufbringt und umgekehrt. Folglich strebt man nicht notwendigerweise nach einem hohen Maß an Sympathie, besonders dann nicht, wenn man für den anderen selbst nicht viel empfindet.

Eine weitere wichtige Strategie stellt die der Indirektheit dar.

> „Der Mensch zeigt eine große Bereitschaft, Dominanzbeziehungen herzustellen. Merkt er am Mitmenschen eine Schwäche, dann nützt er diese gerne aus, um diese Beziehung herzustellen und zu sichern. Um das zu verhindern, versuchen wir, unsere Schwächen weitgehend vor dem anderen zu verbergen und somit das Gesicht zu wahren." (Eibl-Eibesfeldt, 1984 S. 181)

Unter dem Begriff „das Gesicht wahren" versteht man den Drang, einerseits die eigene Handlungsweise nicht durch andere einschränken zu lassen, andererseits nach Gemeinsamkeiten der Zielvorstellungen zu streben[38] .

Ein unausgeglichenes Dominanzverhältnis verunsichert den Unterlegenen und birgt die Gefahr des Gesichtsverlustes. Wo immer der Faktor „Risiko" zum Tragen kommt, spielt die Strategie der „Indirektheit", wie sie Brown und Lewinson beschrieben haben, eine wichtige Rolle. Indirektheit ebnet bei der Zielperson den Boden für alternative Entscheidungen. Sie kann durch ein Verhalten erreicht werden, das mehr als eine Interpretationsmöglichkeit zuläßt. Dies erreicht man z. B., indem man eine Äußerung nicht direkt auf die Zielperson bezieht und dadurch mehr als zwei Folgereaktionen möglich macht.

Die Ausrichtung an der Wahrnehmung des Partners zwingt also einerseits zur Indirektheit, macht es aber anderseits notwendig, die übermittelte Botschaft irgendwann doch klarzustellen. Das kann nur sequenziell, also schrittweise, geschehen.

In einer Langzeitstudie untersuchte Grammer (1982, 1988) die Strategien von Kindern in Konfliktsituationen. Er führt den Unterschied zwischen einem effektiven und einem ineffektiven Eingriff in Konflikte auf die erhöhte Handlungsmobilität, eine langsame Intensivierung der Handlungsschritte und auf eine Auswahl geeigneter Zielpersonen zurück. Die Handlungsketten werden infolgedessen länger. Einem hohen Risiko wird am Anfang der Interaktion mit „indirekten Handlungsschritten" begegnet. Die Indirektheit wird in diesem Fall an der Zahl der möglichen weiteren Reaktionsschritte gemessen. So gibt zum Beispiel verbales Drohen („ich sag's meinem großen Bruder, der verhaut dich") dem Gegner die Möglichkeit, aus dem Konflikt mit „Kommentar", „Rechtfertigung" oder „Anbieten einer Alternative" auszusteigen.

Sinkendes Risiko ermöglicht es, direkter zu handeln: So sind „Schlagen" oder „Ringen" nur mit zwei Möglichkeiten zu beantworten – entweder mit Flucht oder mit Gegenangriff. Direkte Strategien, also ultimative Schritte, beinhalten Ja-Nein-Entscheidungen, die mit größeren Konsequenzen sehr früh eingesetzt werden.

Brown und Levinson fanden bei Untersuchungen in verschiedenen Kulturen heraus, daß die Direktheit in Abhängigkeit zur Risikowahrnehmung bezüglich der Erfolgsaussichten steht. In den fünf untersuchten Kulturen nahm der Grad der Direktheit bei wachsender Risikowahrnehmung ab. Den Anhaltspunkt hierfür bildete die Art und Weise des Bittens. In diesem Fall wurde das Risiko im Zusammenhang mit dem Machtverhältnis und der sozialen Distanz gesehen.

Friert der Chef, so wird er seiner Sekretärin in der Regel auf eine andere Weise klarmachen, sie möge das Fenster schließen, als dies die Sekretärin tun würde: „Würden Sie bitte das Fenster schließen!" – eine direkte Aufforderung. Von der frierenden Sekretärin hingegen wäre eher die indirektere Frage zu erwarten: „Würde es Sie stören, wenn ich das Fenster schließen würde, mir ist so kalt!"[39]

Die japanische Wissenschaftlerin Hisako Shibasaka analysierte die Strategie der Kontaktaufnahme bei Kindern, wenn sie morgens den

Kindergarten betraten. Der Wunsch, in das Spielgeschehen miteinbezogen zu werden, wurde meist nicht konkret geäußert:

> „Peter betrat den Kindergarten und ging mit einem ‚Hallo' auf ein alleinstehendes Mädchen zu, jedoch ohne von ihr beachtet zu werden. Sein Interesse wandte sich nun einer größeren Gruppe zu, die am Fenster stand. Zunächst beobachtete er diese aus einer gewissen Entfernung und schien auf eine passende ‚Einstiegssituation' zu warten. Indem er sie schließlich auf ein am Himmel vorbeiziehendes Flugzeug aufmerksam machte, näherte er sich den Kindern und fand durch ein ‚Flugzeugfachgespräch' den ersehnten Anschluß."

Shibasaka berichtete des weiteren, sie habe nur äußerst selten die direkte Wunschäußerung („Darf ich mitspielen?") gehört. Der Weg der Indirektheit ist oft länger, dafür aber meist erfolgreicher, das wissen bereits Kinder im Vorschulalter.

Den sicherlich etwas kompliziert anmutenden wissenschaftlichen Aussagen seien zur Verdeutlichung einige trivialere Beispiele hinzugefügt. Viele „Flirtbücher" ziehen aus dem engen Zusammenhang von Indirektheit (welche Wege sind die effektivsten...) und Risiko (..., um nicht von einer Person abgewiesen zu werden, die mir gefällt?) ihren Nutzen. So sind auch die Flirt- und „Anmach"-Tips aus Almut Gronemanns „Buch vom Balzen" durch Indirektheit gekennzeichnet.

Um zum Ziel der „Vereinnahmung" der begehrten Person zu gelangen, wird von einer direkten Äußerung dieses Bedürfnisses („ich möchte von jetzt an dein Freund sein") abgeraten. Die auf diese Weise Angesprochene wird sich in ihrer Handlungsfähigkeit eingeengt fühlen. Ihre Reaktionen würden unter zeitlichem Zugzwang stehen – eine Frage erfordert ja eine baldige Antwort. Die Strategie der Indirektheit steht daher auch mit dem Faktor „Zeit" in engem Zusammenhang.

Als eine indirekte Sympathiebekundung ist das Schenken zu bezeichnen, wobei es natürlich darauf ankommt, daß man den Geschmack des anderen trifft:

> „Über die Frage, die Sie da stellen, lieber junger Freund, nämlich was man schenken soll oder darf, lassen sich feste Regeln nur schwer aufstellen. Im Grunde eignet sich alles zu Geschenkzwekken, was Freude macht und nicht gegen den Takt verstößt. Der Hausfrau wird der Ehemann mit einem Staubsauger oder einem Kühlschrank wahrscheinlich ein Stück Himmel auf Erden bescheren – einem jungen Mädchen gegenüber, mit dem man sich gestern

zum ersten Mal getroffen hat, wären derartige Gaben ein allzu großer Wink mit dem Zaunpfahl. Auch sonst wird man Gegenstände, die als Anspielung aufgefaßt werden könnten, nicht schenken... Teuren Schmuck, Puderdose, Lippenstift, Wäschestücke oder gar einen Schwimmanzug darf der Herr einer Dame nur schenken, wenn ihm das sein Verhältnis zu ihr erlaubt. Andernfalls würde er sie bloßstellen und sich selber in arge Verlegenheit bringen, wenn sie derartige Sachen zurückweist" (aus: Gronemann, 1986, S. 44).

Risiko und Indirektheit kommen besonders deutlich im Flirtverhalten zum Ausdruck, da hier das angestrebte Ziel sehr eng mit dem Gesichtsverlust gekoppelt ist. Der „Flirtprofi" Rolf Bönnen hält sich bei den „Flirttips" in seinem Handbuch für gescheiterte und ängstliche „Flirtwillige" ebenfalls an die Strategie der Indirektheit:

„Auch wenn der Flirt alles andere als Nebensache ist – er sollte stets etwas Beiläufiges, Unabsichtliches behalten...Sollte jemand Ihr Interesse wecken, sollten Sie nicht unbedingt einen Platz an besagtem Tisch erbitten, solange genügend freie Stühle vorhanden sind. Setzen Sie sich lieber an den Nebentisch, und zwar möglichst seitlich, damit Sie nicht in die Verlegenheit kommen, IHN oder SIE ununterbrochen im Blickkontakt zu haben. Die seitliche Position ermöglicht Ihnen, das Spiel der Augen beiläufig zu halten" (aus: Flirten – aber wie?).

Auf unser Experiment bezogen werfen diese Erkenntnisse die Frage auf, inwieweit sich bereits während der ersten 30 Sekunden Strategien der Indirektheit beobachten lassen, die in einem engen Zusammenhang mit dem Risikofaktor stehen. So müßte beispielsweise die Gesprächseröffnung bei hoher Risikowahrnehmung vorsichtiger (indirekter) erfolgen als bei niedrigerem Risiko.

Fassen wir nun die Erkenntnisse der vorangegangenen beiden Kapitel zusammen, so finden wir auf der einen Seite die Erwartungen, die jeder an eine Begegnung stellt, und auf der anderen Seite die Mittel (Strategien), die jeder anwendet, damit diese Erwartungen erfüllt werden. Welche Strategie man nun in der uns hier interessierenden Situation, nämlich dem Erstkontakt, einsetzt, ist nicht zuletzt von der raschen Einschätzung abhängig. Eingangs wurde ja schon betont, daß der erste Eindruck reziprok sei.

Die schnelle Einschätzung, die durch das innere ideale Suchbild, das „Template", erleichtert wird, dient dazu, eine für die aktuelle Situation adäquate Strategie zu finden.

Drittes Kapitel

Zur sprachlichen und nichtsprachlichen Kommunikation

Es ist hier nicht der Ort, verschiedene Kommunikationsmodelle zu diskutieren, denn es geht hier vor allem um die Faktoren, die das sprachliche Verhalten im Verlauf einer Interaktion bestimmen. Einer der Ausgangspunkte des Flirtexperiments war die Überlegung, ob und wie sich Zuneigung beziehungsweise Ablehnung, Risikowahrnehmung und Selbsteinschätzung bereits während der ersten 30 Sekunden einer Begegnung im sprachlichen und nichtsprachlichen Verhalten äußern. Mehr darüber steht im Ergebnisteil. Die folgenden Abschnitte dienen der Darstellung verschiedener Bereiche sprachlicher und nichtsprachlicher Kommunikation und deren enger Verkettung.

Die Sprache

Neben der Funktion der reinen Erlebniskundgabe erfüllt die Sprache auch einen gemeinschaftstragenden, steuernden und sozialen Zweck[40]. Nach Eibl-Eibesfeldt gehören sprachliche und nichtsprachliche Interaktionen grundsätzlich zu einem gemeinsamen Regelsystem, einer Art universalen Grammatik. Die verbalen Interaktionsstrategien folgen dem gleichen Muster wie die nonverbalen, da sie deren unmittelbare Übersetzung sind. Der Mensch „handelt" in Worten und verwendet Wörter und Sätze wie Auslöser. Die Entdeckung, daß das verbale und nonverbale Verhalten sich gegenseitig ersetzen können, stellt gleichzeitig die Brücke dieser beiden Kommunikationsarten dar. Das Nebeneinander beider Kommunikationskanäle wird insbesondere bei kritischeren sozialen Auseinandersetzungen wichtig. Konflikte lassen sich beispielsweise auf sprachlicher Ebene leichter lösen:

> „Durch Sprache wird die Interaktion distanzierter, sie findet in einem emotional entlasteteren Feld statt. Man kann reden und ist vom Zwang unmittelbaren Handelns befreit" (Eibl-Eibesfeldt, 1984, S. 674).

„Sprechen zeigt stets eine gewisse Abkoppelung von den Antrieben, und diese Distanziertheit ist eine der Voraussetzungen für eine dialogartige Auseinandersetzung." (S. 672).

Eine dialogartige Auseinandersetzung setzt bei den Gesprächspartnern eine innere Distanz zu eigenen Antrieben und Motiven voraus. Das wird durch das Sprechen ermöglicht. Bereits Kinder zeigen diese Fähigkeit bei ihren Sprach-Spielen.[41]

Nonverbale Akte, die eine unmittelbare Reaktion bei dem Partner auslösen können, führen eher zu einer Eskalation als verbale Akte – in dem Fall eine Bitte oder verbale Drohung. Bereits kleine Kinder drohen mit Worten: „Ich bin größer, schneller, stärker...mein Bruder wird dich verdreschen..." Auf sprachlicher Ebene können sie somit nicht nur Ränge in der Hierarchie vortäuschen, die sie gerne innehätten, sie umgehen so auch ein handgreifliches Kräftemessen.

Die Triebdistanzierung und die verstärkte Ritualisierung des aggressiven Verhaltens kann durch Sprache erreicht werden und beeinflußt das Zusammenleben in positiver Weise. So dient die Sprache der Harmonisierung des Gruppenlebens.

„Schönes Wetter heute" , ist ein allen vertrauter Ausspruch; ebenso geläufig sind jedem die Situationen, in denen dieser Satz gerne verwendet wird. Einmal gilt er einem Nachbarn, mit dem man, um eine angenehme Atmosphäre im Haus zu schaffen, ab und zu kurze Freundlichkeiten austauscht. Ein anderes Mal dient das „schöne Wetter" als Vorbote eines angestrebten längeren Gespräches – ein unverfänglicher, freundlicher Anfang. Die Sprache fungiert hier nicht als Informationsübermittlung, sondern dient der Verstärkung sozialer Bindungen. Malinowski nannte diese Sprachfunktion die „phatische Kommunikation"[42]. Nach Lyons dient diese Art der Kommunikation auch dazu, das Gefühl sozialer Solidarität entstehen zu lassen. Die phatische Kommunikation soll somit eine Beziehung zwischen Menschen mit Hilfe von Worten herstellen.

Treten unangenehme Gesprächspausen auf, übernimmt die phatische Kommunikation eine sehr hilfreiche Rolle. Hayakawa merkt dazu an, es sei in unserer Gesellschaft vollkommen unmöglich, nur dann zu sprechen, wenn man auch wirklich etwas Wichtiges zu sagen habe. Pausen, gleich welcher Art und Ursache, sind für die Beurteilung der Qualität der Interaktion von herausragender Bedeutung. Jedoch läßt erst ihre genauere Betrachtung triftige Schlüsse zu. Wir haben daher bei unserem Flirtexperiment den Gesprächspausen besondere Aufmerksamkeit gewidmet.

Wann bzw. warum können Pausen entstehen? Duncan teilt sie in „filled and unfilled pauses" (ausgefüllte und unausgefüllte Pausen) ein. Gefüllte Pausen entstehen, wenn die Störung des Redeflusses durch Überbrückung mit Interjektionen wie „ahh, hmh" oder einem Räuspern behoben werden. Dabei handelt es sich meist um Pausen, die bei der Suche nach dem Wort, aber auch durch Unsicherheit und Angst entstehen[43]. Die wortlosen Pausen (unfilled pauses) zeigen meist extreme Kommunikationsstörungen oder gar einen bevorstehenden Gesprächsabbruch an. Pausen dienen aber auch der Konzentration. So folgt auf längere Sprechpausen oftmals eine Periode komplexeren Sprachausdrucks[44]. Solche Pausen sind in der Regel sehr kurz. Eine andere, längere Pausenart tritt in Situationen auf, in denen eine gegenseitige Abschätzung stattfindet, beispielsweise um herauszufinden, inwieweit der andere überhaupt zu einer Fortsetzung des Gesprächs bereit ist. Lange Pausen können auch Ausdruck einer sehr engen emotionalen Bindung sein, zum Beispiel einer Liebesbeziehung. Sie können wiederum auch als „Stoßdämpfer" dienen, wenn man sich nicht sympathisch ist – als ein Zeichen für Desinteresse. Ferner fungieren sie als Mittel der sozialen Kontrolle, etwa wenn man sich aus Wut und Enttäuschung weigert, mit dem anderen zu sprechen.

Meist wirken Pausen auf den Menschen unangenehm, ja sogar alarmierend und bedrohlich. So gibt es einen meßbaren Zusammenhang zwischen Pausen und der Schweißabsonderung an der Hand[45].

Schließlich stellt sich die Frage, wer die Pausen beendet, also das Gespräch wieder aufnimmt. In den meisten Fällen werden die Gesprächspartner bestrebt sein, vor allem die Pausen unangenehmer Art mit einem Lächeln oder Räuspern zu überbrücken. In manchen Situationen ist es eine Frage der Dominanz, wer die Pausen beendet. Meistens liegt es am Unterlegeneren, sich um die Fortsetzung des Gesprächs zu bemühen[46].

Überschaut man die verschiedenen Ursachen von Pausen, stellt sich bezüglich unseres Flirtexperiments die Frage, wie wir das Schweigen der Schüler im Einzelfall zu beurteilen haben. Läßt es sich auf Unsicherheit oder auf mangelndes Interesse am anderen oder an einem Gespräch zurückführen? Eine Antwort wird der Leser im Ergebnisteil des Buches finden.

Zur nichtsprachlichen Kommunikation

Obwohl der Sprechakt eine Fülle wichtiger Informationen übermittelt, darf der simultan ablaufende Austausch nichtsprachlicher Signale keinesfalls unterschätzt werden. Zu den nonverbalen Elementen der zwischenmenschlichen Kommunikation gehören auch die Stimmlage, Betonung und Sprachmelodie; im weiteren Sinne spielen Körperhaltung, Handbewegungen, Blickverhalten, Mimik und dergleichen eine wichtige Rolle.

Die nichtsprachliche Kommunikation erfüllt im großen und ganzen drei Aufgaben. An erster Stelle steht die Mitteilung der eigenen Bedürfnisse und Gefühle auf einer bewußten und unbewußten Ebene. Zudem soll die sprachliche Kommunikation von der nichtsprachlichen unterstützt und vervollständigt werden. Bei unserer Sprachanalyse beschränken wir uns auf linguistische Merkmale, da eine zusätzliche Auswertung der paralinguistischen (Stimmhöhe, Sprachmelodie, Betonungen etc.) den Rahmen dieser Arbeit sprengen würde. Dennoch möchte ich an dieser Stelle kurz auf die Bedeutung der Paralinguistik eingehen, um zu zeigen, daß es nicht nur wichtig ist, was man sagt, sondern auch wie man es sagt. Der Ton macht die Musik...

Der emotionale Gehalt einer Äußerung wird durch die Stimmlage, die Betonung, die Sprachmelodie entscheidend geprägt. Besonders die Stimmlage gibt Auskunft über den momentanen Gefühlszustand eines Sprechers. Die Fähigkeit, Sprachmelodie und Rhythmus richtig zu interpretieren, ist angeboren, was durch einen Versuch von Sedlacek und Sychra verdeutlicht wird:

Von 23 verschiedenen Schauspielerinnen wurde den Versuchspersonen der Satz „Das Bett ist schon gerichtet" auf Tschechisch mit unterschiedlich emotionalem Ausdruck (neutrale Aussagen, Liebesgefühle, Freude, Feierlichkeit, Komik, Ironie, Trauer, Resignation, Angst, Schrecken) vorgetragen. Neben den 70 tschechischen Studenten waren auch Studenten aus Asien, Afrika und Lateinamerika, die den Satzinhalt nicht verstehen konnten, anhand der Sprachmelodie in der Lage, die Gefühlsinformation richtig zu entschlüsseln. Scherer und Oshinsky ließen Versuchspersonen künstlich synthetisierte Lautfolgen, in denen zuvor verschiedene akustische Parameter variiert worden waren, bestimmten Emotionen zuordnen. Weitgehend übereinstimmend wiesen die Teilnehmer dieses Versuchs eine geringe Tonhöhenvaria–

tion in den Lautfolgen den Emotionen Ekel, Ärger, Furcht und Langweile zu, während eine starke Tonhöhenvariation mit Glück, Fröhlichkeit und Aktivität assoziiert wurde. Hinter langsamem Sprechtempo vermuteten sie Traurigkeit, Langeweile oder Ekel, hinter schnellem Sprechtempo hingegen Aktivität, Überraschung, Glück, Fröhlichkeit, Macht oder Ärger. Sprechrhythmus und Stimmlage können sogar über soziale Stellung, Geschlecht und Persönlichkeit des Sprechenden Auskunft geben. In sehr vielen Fällen trägt die Fähigkeit zur Differenzierung paralinguistischer Merkmale wesentlich zur gegenseitigen Verständigung bei. Pöppel beschreibt in diesem Zusammenhang, wie ein Satz durch verschiedene Betonung unterschiedliche Aussagen in sich birgt.

Ich *liebe* Dich! – Positives Bekenntnis in der Ekstase.
Ich *liebe* Dich? – Nein, Du bist mir zuwider.
Ich liebe *Dich*! – Im Gegensatz zum/zur anderen.
Ich liebe *Dich*? – Voller Haß, nein jemand anders.
Ich liebe Dich! – Voller Hingabe, ich kann nicht anders.
Ich liebe Dich? – Nein, wie kommst Du denn darauf?

Die Sprache sei, wie Pöppel meint, ohne diese Prosodie nackt.

Welche Bedeutung kommt der Körpersprache zu?

Zahlreiche Bücher versuchen eine erhöhte Sensibilität gegenüber der Körpersprache zu vermitteln. Bestimmten Gesten, Bewegungen und Körperhaltungen werden hier entsprechende Interpretationen bezüglich der inneren Abläufe zugeschrieben. Die Körpersprache als Lügendetektor? Samy Molcho hat ein Buch über die Körpersprache verfaßt, in dem er die Ansicht vertritt, man könne oft in manchen sprachlosen „Augenblicken" die geheimsten Gedanken und Wünsche des Mitmenschen erfassen.

> „Die Haltung des Oberkörpers ist beim Sitzen auf gleiche Weise zu interpretieren wie im Stehen – aufrecht bedeutet Vitalität, eingesunken deutet auf Passivität, depressives Naturell. Wenn man den Oberkörper zum Partner neigt, zeigt das natürlich Interesse an; wenn man sich zurücklehnt, zieht man sich im Geiste zurück...Sitzt jemand mit überschlagenem Bein einem anderen mit weit gespreiz-

ter Beinhaltung so gegenüber, daß die Fußspitzen direkt auf die Genitalien des Visavis zeigt, so artikuliert er damit Aggressivität. ...Wenn einer auf breiten Beinen mit fest ausgestellten Füßen dasteht, signalisiert das den Anspruch auf stabilen, ausreichenden Grund, den er mit seinem Körper in Besitz nimmt – auf Territorium. Eine kleine Standfläche dagegen zeigt Unsicherheit, Unterordnung und den vorherigen Verzicht auf territorialen Anspruch..." (Molcho, 1983, S. 105 ff).

Auf diese Weise geht Molcho sämtliche nur erdenkliche Körperpositionen und mimische Ausdrucksweisen interpretativ durch – ein Handbuch für angehende Gedankenleser. Sicherlich vermag Molchos Darstellung dem Leser zu einer sensibleren Wahrnehmung der Körpersprache verhelfen. Dennoch muß man sich die Frage stellen, wie zuverlässig letzten Endes die „intellektuelle", aus einem Handbuch erlernte Interpretation der Körpersprache ist. Die Fähigkeit, Körpersprache richtig zu entschlüsseln, ist beim Menschen, und darauf komme ich gleich zu sprechen, auch ohne bewußt in Gang gesetzte Lernprozesse bereits vorhanden. Bücher, welche die Beschreibung der Körpersprache zum Inhalt haben, sollten daher meiner Ansicht nach zwar aufmerksam gelesen werden, man sollte sich jedoch davor hüten, beim Umgang mit dem Mitmenschen die jeweilige Erklärung gedanklich stets parat zu haben. Verläßt man sich nicht mehr auf seine intuitive Interpretation, wird der Umgang mit dem Mitmenschen sicherlich verkrampfte Züge annehmen.

In der Literatur wird das Phänomen der Imitationen von Körperhaltungen oder -bewegungen des öfteren diskutiert. Diese fast gleichzeitige Nachahmung der Körperbewegung des Gesprächpartners ist meiner Meinung nach ein Hinweis für die bewußte oder unbewußte Wahrnehmung der Körpersprache. So war auch bei unserem Experiment zu beobachten, wie oft sich die Gesprächspartner in ihren Körperbewegungen imitierten. Einem Achselzucken der Frau folgte binnen einer Sekunden das des Mannes. Richtete der Mann seine Kleidung, so kam es öfters vor, daß unmittelbar danach auch die Frau an ihrer Kleidung etwas veränderte, etwa die Ärmel hochkrempelte oder den Pulli zurechtzupfte. Kendon (1970) bezeichnet dieses Phänomen als „movement mirroring", wobei er Situationen meint, in denen der Zuhörer die Körperbewegungen des Sprechers imitiert.

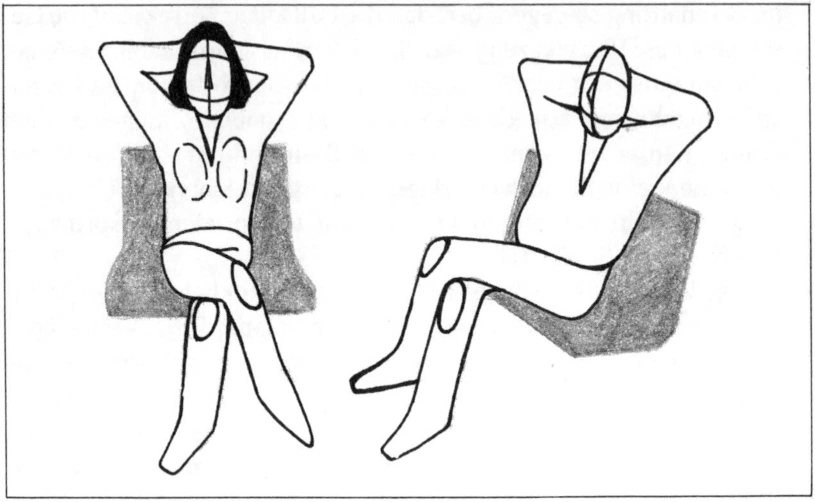

Abb.5: Gesprächspartner nehmen während ihres Gesprächs öfters dieselbe Körperhaltung ein oder vollziehen dieselbe Bewegung. Diese Imitationen sind ein Hinweis für die Wahrnehmung nichtsprachlicher Signale. (Zeichnung: David Kammerer)

Die Wahrnehmung nonverbaler Zeichen sowie der Imitationsdrang sind bereits bei Säuglingen schon 72 Stunden nach der Geburt ausgeprägt vorhanden. 12 bis 21 Tage alte Babys sind in der Lage, Gesichtsbewegungen (z. B. Mund öffnen und Zunge herausstrecken) und einige Fingerbewegungen nachzuahmen. Sogar das Heben der Augenbrauen können sie imitieren[47] . Eine Vielzahl von Zeichen nehmen wir hauptsächlich unbewußt auf, und gerade deswegen fällt es uns im allgemeinen schwer, konkrete Auskunft darüber zu geben, wie beispielsweise der erste Eindruck überhaupt zustandegekommen ist.

Wir wissen, daß Menschen, die in einem Gespräch nonverbal sehr aktiv sind, als attraktiver und emphatischer eingeschätzt werden[48]. Vor allem bei Erstkontakten scheint „nichtsprachliche Lebhaftigkeit", die sich in viel Gestik, ausgeprägter Mimik etc. ausdrückt, im Gegensatz zu einem mehr oder weniger „eingefrorenen", starren körperlichen Verhalten, mehr Sympathie zu erzeugen. Eine ausdrucksvolle und lebhafte Körpersprache vermag selbst mangelnde physische Attraktivität zu kompensieren![49]

Die erstaunliche Zuverlässigkeit, mit der nonverbale Signale wahrgenommen werden, läßt die Frage aufkommen, ob diese Zeichen auch richtig verstanden werden; es wäre denkbar, daß es in der nonverbalen Kommunikation auch „Sprachunterschiede" gibt, die zu Mißverständnissen führen. Fehlinterpretationen sind schwerlich auszuschließen, im allgemeinen sind wir jedoch durchaus in der Lage, das Empfinden unseres Mitmenschen anhand von dessen Körpersprache zu entschlüsseln, vorausgesetzt, dieser versucht nicht, auf gekonnte Weise seine Gefühle zu verbergen[50]. Auch wenn manche nichtsprachlichen Elemente, wie etwa das Blickverhalten, weniger einer bewußten Kontrolle unterliegen als andere, zum Beispiel unsere Körperhaltung, so vermögen dennoch die kontrolliert gesendeten Zeichen in die Irre zu führen – und genau hier dürfte der kritische Punkt des „ersten Eindrucks" liegen. So werden wir beispielsweise meist versuchen, extreme Abneigung weitgehend zu verbergen; Unsicherheit versteckt sich bei vielen hinter Arroganz oder gar Aggressivität.

Frauen nehmen die Körpersprache nicht nur sensibler auf als Männer, sie reagieren auch wesentlich schneller und spontaner auf die nichtsprachlichen Signale anderer[51]. Ein weiteres interessantes Phänomen ist die Erkenntnis, daß attraktive Menschen ihre Empfindungen körpersprachlich zwar deutlicher zum Ausdruck bringen, hinsichtlich ihrer Fähigkeit, die Körpersprache anderer richtig zu entschlüsseln, stehen sie hingegen den weniger attraktiven nach. Sie hätten es nicht so zwingend nötig, das Empfinden anderer sensibel wahrzunehmen, lautet die These der beiden Autoren Sabatelli und Rubin, die den Zusammenhang von Attraktivität und Wahrnehmung der Körpersprache untersuchten. Die Sensibilität für nonverbale Mitteilungen im Verhältnis zur sozialen Kompetenz weist nach Christensen et al. eine Abhängigkeit vom Grad der Unsicherheit während einer Begegnung auf. Versuchspersonen von unterschiedlicher sozialer Kompetenz wurden gebeten, einen „Lockvogel" zu interviewen, der auf nonverbaler Ebene die unterschiedlichsten Emotionen zum Ausdruck brachte. Die Versuchsteilnehmer sollten jeweils dann das Thema wechseln, sobald sie bei ihrem Gesprächspartner ein Unbehagen bemerkten. Gemessen wurde, wie schnell sie reagierten und wieviele nonverbale Zeichen sie beobachtet hatten. Die Resultate zeigten, daß Menschen mit geringer sozialer Kompetenz die Körpersprache anderer zwar gut interpretieren konnten, verglichen mit den Versuchspersonen ausgeprägter Kompetenz jedoch weniger in der Lage waren, gut und schnell zu reagieren, wenn sie das Unbehagen des „Lockvogels" bemerkt hatten[52].

Die Bedeutung der verbalen, verglichen mit der nonverbalen Kommunikation

„Wenn die Nachricht aus Worten besteht – dann sind nichtsprachliche Signale gewissermaßen Nachrichten über die Nachricht. In Wirklichkeit besteht die ganze Nachricht aus beiden", schrieb einer der bedeutensten Wissenschaftler auf dem Gebiet der Körpersprache, Michael Argyle (1976).

Im Gegensatz zur gesprochenen Sprache wird nonverbales Verhalten nicht reflexiv erworben, die Bedeutung bestimmter Gesten und unsere außersprachliche Mitteilungsfähigkeit werden nicht systematisch erlernt, sondern im Umgang mit den Mitmenschen quasi „verinnerlicht".

Da die nonverbalen Zeichen meist in Form unmittelbarer, direkter Reaktionen auf bestimmte Reize auftreten, unterstehen sie kaum je einer bewußten Kontrolle. Verbale Signale hingegen, also Wörter, werden in der Regel überlegt eingesetzt. Nach Argyle übersteigt die Bedeutung der nichtsprachlichen Mitteilungen die der sprachlichen gewaltig. Besonders in Augenblicken der Anspannung und des Stresses kommt die Anwendung der nonverbalen Sprache zum Tragen, da eine offene verbale Mitteilung negativer Gefühle oft als unangemessen und ungeeignet erscheint. Das nichtsprachliche Verhalten, so kann man folgern, sei wahrhaftiger, wobei hier unbedingt zu erwähnen ist, daß auch das nonverbale Verhalten, besonders die Mimik, bewußt als Mittel zum Zweck eingesetzt werden kann. Eibl-Eibesfeldt (1984) weist in diesem Zusammenhang darauf hin, daß die willentliche Beherrschung der Mimik bestimmte Absichten verbergen könne und so einen wichtigen Beitrag zum harmonischen Zusammenleben der Menschen zu leisten vermag. Körperhaltung und Stimmlage hingegen entzögen sich weitgehend einer bewußten Kontrolle.

Die Möglichkeit der „Verhaltenskontrolle" hat aber zur Folge, daß die Informationen, die aus den beiden Kommunikationskanälen (verbal und nonverbal) fließen, einander widersprechen können. „Du bist heute aber besonders häßlich" zu sagen und dabei gleichzeitig freundlich zu lächeln, hat etwas spielerisch Provozierendes an sich. Man nennt diesen Widerspruch das „Double-Bind"-Syndrom. Tritt dieser Widerspruch auf, so überwiege die nonverbale Information, betont Grammer (1988). Es ist, wie wir sehen, von großem Vorteil, daß uns zwei Informationsquellen zur Beurteilung des anderen zur Verfügung stehen.

Die Wissenschaftlerin Mary Ritchie Key (1977) verweist in ihrer Abhandlung über den Zusammenhang von verbaler und nonverbaler Sprache auf Erkenntnisse der Neurophysiologie und betont, wie sehr physiologische Abläufe die Kommunikation beeinflussen. Emotionen wie Spannungen, Ängste und Wut sind physiologisch erfaßbar, weil sie auf muskuläre Organe, zum Beispiel auf die Stimmbänder, eine Auswirkung haben. Broca ordnete das Sprachvermögen der linken Hemisphäre des Gehirns zu, was die Theorie bestärkte, die linke Seite sei die dominierende, für das intelligente, analytische und logische Denken verantwortliche. Ist beim Menschen die linke Hemisphäre verletzt, so zeigt nur das Sprachvermögen, nicht aber der emotionale Bereich Störungen auf. Der rechten Hemisphäre wurde demnach der „primitivere", der emotionale, intuitive und künstlerische Teil zugeordnet. Die linke Seite bewertet und modifiziert die von der rechten erfaßten Eindrücke[53]. Die Aufgabenteilung der beiden Gehirnhälften bringt eine unterschiedliche Lokalisierung der nonverbalen und verbalen Ausdrucksmittel mit sich[54].

Die nonverbalen Akte sind also nicht nur Nebenprodukte oder Begleiterscheinungen der verbalen Sprache, sie stellen vielmehr einen eigenständigen Kommunikationskanal dar, der für die zwischenmenschliche Verständigung von großer Bedeutung ist.

Der Blick

Das Blickverhalten ist eines der wichtigsten nichtsprachlichen Ausdrucksmittel. In unserer Datenanalyse steht der Blick im Mittelpunkt des Interesses und soll daher an dieser Stelle eingehender behandelt werden.

Der Blick als Ausdruck von Dominanz und als Drohsignal

In der Primatenforschung wird der Blick unter anderem als soziales Zeichen beschrieben. Er gibt Auskunft über die Rangordnung innerhalb einer Gruppe. Die visuelle Aufmerksamkeit richtet sich bei allen Gruppenmitgliedern in erster Linie auf den Anführer[55]. Bei vielen Lebewesen wirkt der Blick primär als Drohsignal und Schreckensausdruck[56].

Nicht nur bei Tieren können die Augen bedrohlich wirken. Eibl-Eibesfeldt bemerkt zum Drohstarren beim Menschen:

> „Die Ambivalenz von Zuwendung und Abkehr im zwischenmenschlichen Verhalten manifestiert sich bereits in sehr frühem Lebensalter. Die Detektoren, die auf diese furchtauslösenden Signale abgestimmt sind, reifen offenbar in den ersten Lebensmonaten zur Funktionsfähigkeit.... Ein Beweis hierfür ist die Fremdenfurcht der Säuglinge, auch wenn sie nie vorher schlechte Erfahrung mit Fremden gemacht haben. Hierbei spielen die Augen eine große Rolle. Einerseits ist Blickkontakt zur Kontaktaufnahme notwendig, andererseits kann er bedrohend wirken, dauert er zulange an. Ein Redender, der den Angeredeten unentwegt fixiert, wirkt aggressiv, dominierend. Im normalen Gespräch beobachten wir daher, daß Redende immer wieder den Blickkontakt unterbrechen. Der Zuhörende darf den Redenden dauernd ansehen" (S. 217 f). „Einerseits brauchen wir den Blickkontakt, um mit unseren Mitmenschen zu kommunizieren. Wir teilen so mit, daß die Kanäle für die Kommunikation offen sind. Andererseits dürfen wir nicht zu lange den Blick halten, denn sonst wird er zum Starren und damit bedrohlich. Früher konnte man jemanden durch Anstarren zum Duell herausfordern, und einen Fremden anstarren gilt auch heute noch als unschicklich, wenn nicht unverschämt." (Eibl-Eibesfeldt, 1984, S. 220).

Dieses Drohstarren kann bewußt eingesetzt werden. Eibl-Eibesfeldt beobachtete und filmte dies bei den Buschleuten (Kalahari), den Yanomami (Venezuela), den Himbas (Südwestafrika) und den Eipos (Neuguinea).

Das Drohstarren zählt somit zum normalen Repertoire des aggressiven Imponierverhaltens.

> „‚Kein Augenkontakt' mit verwegenen, aggressiv oder ziellos wirkenden jungen Schwarzen – so lautet die Sicherheitsparole unter

den Bewohnern der schwarzen Drogenreviere. Denn Augenkontakt kann tödlich sein: Gerade die Allerjüngsten haben ein absurd überentwickeltes Ehrgefühl – sie empfinden jeden, der ihrem Blick standhält, als Provokateur und Herausforderer",

schreibt Carlos Widmann in der Süddeutschen Zeitung (15.4.1989) in einem Bericht über die Kriminalität im District of Columbia.

Will man die Machtstruktur eines Gesprächs erforschen, so ist das Blickverhalten ein zuverlässiger Beurteilungsmaßstab. Die Relation der Blickdauer während des Zuhörens und während des Sprechens kann als Indikator für die Dominanz des Betreffenden gelten. Je weniger der Sprecher den Zuhörer ansieht, um so höher ist seine Stellung während des Gesprächs. Ellyson untersuchte das Blickverhalten von Angehörigen der Armee unterschiedlichen Ranges. Personen niederen Ranges sahen den Sprechenden wesentlich häufiger an als Höherstehende.

Blicken standhalten zu können, ist ebenfalls eine Frage der Dominanz. Meist bricht der Unterlegenere den Blickkontakt als erster ab[57] .

Bei allen Primaten und damit auch beim Menschen hat der Blick zudem eine bindende Funktion, das heißt soziale Bande können durch Blickkontakt hergestellt, aber auch erhalten werden. Den Ursprung hierfür sehen Argyle und Cook in der langen Brutpflege. Es war nämlich zu beobachten, daß die Bindung zwischen Mutter und Kind beim Rhesusaffen nachließ und das aggressive Verhalten zunahm, nachdem man die Gesichtsnerven bei den Rhesusaffenweibchen und deren Kindern durchtrennt hatte, so daß der gezielte Blickkontakt unmöglich wurde[58].

Eine weitere Grundfunktion des Blickes besteht im Signalisieren der Kommunikationsbereitschaft. Die Absicht, mit dem anderen in Kontakt zu treten, bekundet man in der Regel zunächst einmal mit der Suche nach dem Blickkontakt. So gilt bei der Behandlung depressiver oder autistischer Patienten, deren typisches Symptom die Kontaktverweigerung ist, der erfolgreiche Aufbau eines längeren Blickkontakts als großer Fortschritt.

Jellison und Ickes schreiben dem Blickkontakt zusätzlich eine Kontrollfunktion zu. Die meisten Menschen seien sehr darauf bedacht, den Gesprächspartner stets im Auge zu behalten , um zu kontrollieren, ob der andere sie auch versteht und aufmerksam zuhört. Übrigens sieht man sich am Anfang eines Gesprächs öfter an als am Ende. Untersucht man beispielsweise das Blickverhalten während eines vierminütigen Gesprächs, so wird man in der Regel feststellen können, daß ab der zweiten Hälfte der Begegnung der Blickkontakt deutlich abnimmt[59]. Diese Verringerung spricht dafür, daß wir offensichtlich binnen kürzester Zeit zu einem allerersten Eindruck gelangen. Bereits nach ein bis zwei Minuten haben wir zunächst einmal ausreichend „Informationsmaterial" über den anderen eingeholt. Das soll nicht heißen, daß dann unsere Neugierde, mit wem wir es zu tun haben, gänzlich gesättigt ist, wir verlangsamen vielmehr unseren Aufnahmeprozeß.

Blickkontakt ist für einen möglichst reibungslosen Gesprächsverlauf von ausschlaggebender Bedeutung, sieht man einmal von Telephongesprächen ab, wo dieser völlig fehlt. Folgender Versuch demonstriert auf anschauliche Weise, welche Auswirkung fehlender Blickkontakt hat.

Versuchspersonen wurden jeweils unter einer der folgenden Bedingungen interviewt:

1. Die Gesprächspartner trugen beide Gesichtsmasken, so daß lediglich die Augen unverdeckt blieben.
2. Beide trugen dunkle Brillen und der Rest des Gesichtes war sichtbar.
3. Die Köpfe, nicht aber die Körper wurden von einer Leinwand verdeckt.
4. Die Gesprächspartner konnten sich überhaupt nicht sehen.

Die wenigsten gegenseitigen Gesprächsunterbrechungen waren zu verzeichnen, wenn sich die Partner in die Augen sehen konnten, die meisten, wenn sie sich überhaupt nicht sahen. Die häufigsten Pausen gab es, wenn beide Partner die dunklen Brillen trugen und so die Augen des anderen nicht sehen konnten. Weniger Pausen kamen zustande, wenn sie sich überhaupt nicht sahen (Telephonsituation). Die wenigsten Pausen traten jedoch bei den Paaren auf, bei denen jeweils nur die Augen für den anderen sichtbar waren[60].

Im allgemeinen sieht der Zuhörer den Sprecher wesentlich öfter an als umgekehrt. Dies läßt sich auf die Tatsache zurückführen, daß wir uns bei abgewandtem Blick besser auf das, was wir sagen wollen, konzentrieren können. Nähern wir uns dann dem Ende einer Äußerung, so signalisieren wir die Erwartung einer Antwort oder unsere Absicht, das Wort abzugeben, in der Regel mit einem Blick auf unseren Gesprächspartner. Möchten wir hingegen weitersprechen, so lassen wir am Ende unserer Äußerung den Blick abgewandt. Es ist in der Tat so, daß es bis zur Antwort wesentlich länger dauert, wenn der Sprecher das Ende seiner Redeperiode nicht mit dem Blick anzeigt[61]. Hier kann man von der regulierenden Funktion des Blickes sprechen.

Mit ihren Blicken können die Gesprächspartner aber auch ihren emotionalen Zustand zeigen. So drückt sich zum Beispiel Unbehagen durch Blickvermeidung aus.

Blickverhalten und Attraktivität

Verraten Blicke Zuneigung und Abneigung? Tatsächlich konnten Wissenschaftler einen solchen Zusammenhang bestätigen[62], und mit Hilfe von Rollenspielen versuchte man diesen experimentell zu ergründen. So sollten sich die Versuchspersonen gegenüber einem „Lockvogel" so benehmen, als wäre dieser ihnen dem ersten Eindruck nach äußerst sympathisch. Beim zweiten sollten sie ihm ein neutrales und beim dritten Versuch schließlich ein negatives Gefühl entgegenbringen. Die Ergebnisse zeigten deutlich, daß bestehende Sympathie am vermehrten Blickkontakt erkennbar ist[63].

Inwieweit kann das Blickverhalten die Attraktivitätsbeurteilung des anderen beeinflussen? Dieser Frage gingen Kleinke, Staneski und Berger nach. Männliche Versuchspersonen wurden in einem Test von Frauen interviewt, die entweder ständigen, wechselnden oder überhaupt keinen Blickkontakt mit ihrem Gesprächspartner suchten. Erwartungsgemäß reagierten die Männer am negativsten auf die Interviewpartnerin, die den Blickkontakt weitgehend vermied. Im Gegenzug wandten auch sie den Blick ab, setzten sich weiter weg und gaben kürzere Antworten. Zusätzlich schätzten sie die Interviewerin als nicht so attraktiv ein, wobei ihr tatsächliches äußeres Erscheinungsbild nicht das Hauptkriterium für die Attraktivitätsbeurteilung war[64].

In der Beziehung von Blickverhalten und Attraktivität sind jedoch noch wesentlich kompliziertere Zusammenhänge zu finden. Es zeigte sich nämlich, daß auch der Zeitpunkt des Blickkontakts für die gegenseitige Attraktion eine Rolle spielt. Ein „Lockvogel" variierte während eines vierminütigen Interviews mit insgesamt 24 Collegeschülern sein Blickverhalten. Einmal sah er die Versuchsperson während der ersten beiden Minuten an, mied dann in den letzten beiden Minuten den

Blickkontakt; ein anderes Mal geschah dies umgekehrt. Im ersten Versuch empfanden die Versuchspersonen Abneigung gegenüber dem Interviewer. Die umgekehrte Reihenfolge (1. Wegsehen, 2. Ansehen) hingegen wurde von den Versuchspersonen als ein aufkommendes Interesse an ihnen empfunden. Im Gegensatz zum vorherigen Versuch fühlten sie sich vom Interviewer akzeptiert[65].

Aber nicht nur die Länge und der Zeitpunkt des Blickkontaktes spielen eine Rolle, sondern auch der Gesprächsinhalt. Bei positivem Gesprächsinhalt bewirkt intensiver Blickkontakt Sympathie, bei negativem eher Unbehagen[66].

Ferner konnten Wissenschaftler nachweisen, daß sich Männer von weiblichen Blicken geschmeichelt fühlen. Frauen hingegen bevorzugen die Männer eher auf „visueller Distanz"[67].

Weibliche Blicke können Männer dazu ermutigen, den oft so schweren „ersten Schritt" der Annäherung zu wagen. Zwei attraktive Frauen saßen als „Lockvögel" in einer Bar und versuchten, mit den eintretenden Männern Blickkontakt aufzunehmen. Innerhalb eines 5-minütigen Zeitraumes wurde der Blickkontakt von den beiden Frauen ein oder mehrere Male hergestellt und teilweise mit einem anschließenden Lächeln gekoppelt. Mehrfacher Blickwechsel in Kombination mit Lächeln ermutigte die Männer am ehesten, mit ihnen Kontakt aufzunehmen[68].

Was kann Blickverweigerung bedeuten?

In der Primatenforschung wird das Abwenden des Blickes sowie die Blickverweigerung als ein Beschwichtigungssignal interpretiert. Die beiden Forscher Exline und Yellin[69] beobachteten bei Rhesusaffen, daß deren Angriffsbereitschaft und Aggression um so mehr abnahmen, je weniger sie vom Menschen angesehen wurden. Primaten, die Unterwerfung signalisieren wollen, wenden das Gesicht ab, um die Angriffsbereitschaft eines anderen Tieres zu senken.

Beim Menschen kann die Blickverweigerung auf eine erhöhte Angst- und Streßsituation hinweisen. So kann man bei Interviews beobachten, daß die Befragten insbesondere bei emotional aufwühlenden Themen mehr und mehr den Blickkontakt meiden[70].

Das Blickabwenden des Sprechers dient, wie bereits erwähnt, zum einen der eigenen Konzentration und kann zum anderen als Hinweis auf seine Absicht des Weitersprechens (floorkeeping) gesehen werden. Warum aber sieht auch der Zuhörer immer wieder weg? Dieses Wegsehen wird ja im allgemeinen als Unaufmerksamkeit und Desinteresse verstanden. Rosenfeld und Hanks gehen jedoch davon aus, daß das Wegsehen des Zuhörers auch als eine reziproke Reaktion auf das Blickverhalten des Sprechers erklärt werden kann. Blickverweigerung kann des weiteren andeuten, daß man entweder nicht geneigt oder noch nicht bereit ist, mit dem anderen zu sprechen.

Blickkontakt nimmt auch ab bei Enttäuschung. Bereits mit 3 Monaten kann der Säugling seine Mutter mit der Androhung des Kontaktabbruchs „bestrafen", wenn er sich von ihr vernachlässigt fühlt. Er wendet sich dann schmollend ab[71].

Scham- und Schuldgefühle können ebenfalls Gründe für eine Blickverweigerung sein: Man sieht weg, um nicht durch den Gesichtsausdruck des anderen eine etwaige Ablehnung wahrzunehmen. Milgram berichtete, daß die Versuchspersonen bei seinem berühmten Experiment* jedesmal den Kopf wegdrehten, wenn sie dem anderen starke Stromschläge verpaßten, um dadurch keinesfalls mit dessen Reaktion konfrontiert zu werden (obwohl sie ihn ohnehin nicht sehen konnten).

Im Falle einer Täuschung oder einer Lüge wird Blickkontakt vermieden, da gegenseitiges Anschauen eine gewisse Offenheit impliziert.

Wie wir gesehen haben, gibt es viele Ursachen für die Blickverweigerung, die von Abneigung über Unsicherheit und Schamgefühl bis zur Enttäuschung reichen. Durch diese Vielschichtigkeit drängt sich nun das Problem der richtigen Interpretation auf. Oft steht man vor der Frage: Sieht der andere mich nicht an, weil er mich ablehnt? Weil er enttäuscht oder unsicher ist?

---

* Das Milgram-Experiment erschütterte in den 70er Jahren die Öffentlichkeit. Milgram wies auf experimentellem Wege nach, wie sehr der Mensch autoritätshörig ist. Die Ehrfurcht vor dem weißen Kittel ging sogar so weit, daß die Versuchspersonen auf Anordnung des Versuchsleiters anderen Personen starke Stromschläge für deren Versagen bei einem Test verpaßten. Die Versuchsteilnehmer sahen zwar ihr vermeintliches „Opfer" nicht, hörten aber dessen Schmerzensschreie. Das „Opfer" war selbstverständlich nicht am Stromkreis angeschlossen. Im Nebenzimmer saß vielmehr ein Schauspieler, der auf ein Signal hin Schreie ausstieß.

Geschlechtsunterschiede beim Blickverhalten

Im allgemeinen geht man davon aus, daß Frauen wesentlich mehr Blickkontakt suchen als Männer. Sie sehen ihren Gesprächspartner sowohl beim Zuhören als auch beim Sprechen wesentlich häufiger an. Dieser Geschlechtsunterschied ist nicht altersabhängig und bereits bei Neugeborenen zu beobachten[72]. Die Begründung für dieses Phänomen – Frauen bräuchten mehr Bestätigung, mehr Zuneigung[73] – kann ich nicht nachvollziehen, vielmehr wäre eine Erklärung in der frühen Mutter-Kind Bindung zu suchen, in der der Blickkontakt von zentraler Bedeutung ist.

Daß Frauen wesentlich sensibler auf ihr soziales Umfeld reagieren als Männer führt Exline auf deren engagierteres Blickverhalten, durch das sie mehr Informationen von der Umwelt erhalten, zurück. Frauen fühlen sich indes wesentlich unwohler als Männer, wenn ihr Gesprächspartner den Blickkontakt meidet[74].

Die Analyse des Blickverhaltens birgt für unser Experiment wichtige Erkenntnisse: Sollte eine erste Einschätzung tatsächlich innerhalb der ersten 30 Sekunden stattfinden, so wäre zu erwarten, daß bereits in dieser kurzen Zeit an der Dauer des Blickkontakts das Maß an Interesse beziehungsweise Sympathie abzulesen wäre, und daß ein bestehendes Dominanzverhältnis in der Blickverweigerung und im Abbruch des Blickkontakts zum Ausdruck käme. Auch müßte der möglicherweise auftretende Angst- und Streßzustand zu vermehrter Blickverweigerung führen. Schließlich wird von Interesse sein, ob der in der Literatur vielfach beschriebene Geschlechtsunterschied in der Reaktion auf das Blickverhalten des Gesprächpartners bestätigt wird.

Lächeln und Lachen

Viele Schüler unseres Flirtexperiments lächelten oder lachten sich zunächst einmal an, sobald sie alleine im Zimmer saßen. Bezogen auf die Theorie der „schnellen Einschätzung" drängte sich natürlich die Frage auf, ob in diesem „ersten" Lächeln oder Lachen ein erstes Signal der Sympathie, der Sympathiegewinnung, der Beschwichtigung oder der Verlegenheit zu sehen sei. Wie im folgenden dargestellt wird, lassen sich Lächeln und Lachen auf mehrere emotionale Beweggründe zurückführen.

Zum Ursprung des Lächelns im Vergleich von Primaten und Menschen kommt Jane Lawick-Goodall (1971) aufgrund ihrer Beobachtungen von Schimpansen zu folgendem Schluß:

> „Es scheint indes ziemlich sicher, daß wir zwei recht verschiedene Arten des Lächelns unterscheiden müssen, mögen sie vor langer Zeit auch aus ein und demselben Minenspiel hervorgegangen sein. Wir lächeln, wenn wir uns freuen, wenn wir amüsiert sind; und wir lächeln, wenn wir ein wenig nervös oder ängstlich sind, uns unbehaglich fühlen. Aus diesem Grund lächeln manche Menschen, wenn sie zum Beispiel bei einem Interview nervös sind, beinahe über alles, was man ihnen sagt. Und genau das ist die Art von Lächeln, die vermutlich dem Grinsen eines seine Demut demonstrierenden oder angsterfüllten Schimpansen am ehesten entspricht." (S. 202)

Van Hooff (1972) untersuchte ebenfalls das Lächeln bei Primaten. Seine Beobachtungen sprechen auch dafür, daß das Lächeln unterschiedliche Funktionen erfüllt und in den verschiedensten Situationen zu beobachten ist. Bei Primaten wie bei Menschen wird es zum einen als eine submissive Geste gewertet, insbesondere in unangenehmen, unsicheren und risikoreichen Situationen; zum anderen kann es auch ein Zeichen von Verbindlichkeit und Sympathie sein.

Zu erwähnen bliebe außerdem das ironische oder schadenfreudige Lächeln, das jedoch im Bereich der Aggression anzusiedeln ist. Eibl-Eibesfeldt führt den Ursprung des Lächelns auf die Beißintention zurück. „Diese kann defensiv sein und kommt so als stummes Zähnezeigen bereits bei nicht-menschlichen Primaten vor. Das freundliche submissive Lächeln ist vielfach angstmotiviert" (1984, S. 175).

Lächeln tritt nicht nur in angenehmen Situationen auf, im Gegenteil, unter gewissen Umständen lächelt man in unangenehmen Situationen sogar mehr als in neutralen, hier dient das Lächeln der Beschwichtigung.„Lächeln ist demnach nicht genereller Ausdruck guter Laune, sondern ein ausgesprochen soziales Signal" (Eibl-Eibesfeldt, 1984, S. 587).

Das Lachen

Dem lauten Lachen wird ebenfalls eine Reihe von Funktionen zugeschrieben. Es zählt zu dem ältesten Primatenmuster mit einer aggressiven Grundkomponente. Als „draufgängerisch-freundlich aggressiv" wird es von Eibl-Eibesfeldt (1967) beschrieben. Die Lautäußerungen des Lachens lassen sich nämlich von einer alten Verhaltensweise sozialen Drohens ableiten, wenn mehrere Gruppenmitglieder gleichzeitig einen gemeinsamen Feind bedrohen. Es handelt sich demnach um eine Art „Hassen". Gemeinsames Lachen wird somit zu einem verbindenden Signal gegen andere, zum Zeichen von Übereinstimmung.

Viertes Kapitel

Die Hypothese von der Bedeutung der „ersten dreißig Sekunden"

Nach der Beschreibung wichtiger, den Erstkontakt bestimmender Faktoren kommen wir nun zum Hauptanliegen des Buches, der Analyse der ersten 30 Sekunden in einer Begegnung.

Ich begann die Auswertung mit einer minutiösen Abschrift der auf Tonband festgehaltenen Gespräche der Schüler. Nebenbei notierte ich die Länge der Gesprächspausen. Dabei fiel mir auf, wie auf häufige und lange Pausen bei Gesprächsbeginn im weiteren Verlauf um so längere Pausen folgten. Die Schüler kamen also nicht, wie man es ja eigentlich erwarten würde, nach einigen Anlaufschwierigkeiten ins Gespräch. Entweder „klappte" es zwischen ihnen von Anfang an oder überhaupt nicht mehr. Während ich also das Gesprochene auf Papier übertrug, verstärkte sich die Vermutung, daß die Entscheidung, ob sich die Schüler verstehen würden, gleich am Anfang der Begegnung fallen müsse.

Später fügte ich von allen Paaren jeweils die ersten 30 Sekunden ihres Zusammentreffens auf einem Videoband aneinander. Die Länge von 30 Sekunden wählte ich dabei intuitiv. 10 oder auch 20 Sekunden erschienen mir für aussagekräftige statistische Zusammenhänge zu kurz*.

Analysen des menschlichen Verhaltens sind meist mit großem Aufwand verbunden, besonders dann, wenn man sich auf der Ebene einer mikroskopischen Feinanalyse, wie etwa dem Blickverhalten, bewegt. Es ist eigentlich ein „Berufsrisiko" des Forschers, daß er nach langer und bisweilen mühsamer Arbeit seine Hypothese nicht bestätigt findet. Bevor wir begannen, uns mit den Auswertungen des Datenmaterials näher zu beschäftigen, baten wir eine Schulklasse, anhand der auf

* Aus einem Artikel von Mazur und Cataldo, in dem beschrieben wird, wie schnell sich bei einer Erstbegegnung die Dominanzstellung eines Gesprächspartners herauskristallisiert, geht hervor, daß die ersten 10 Sekunden tatsächlich zu wenig Informationen über die Beziehung der Versuchsteilnehmer enthalten, bei einer Beobachtungszeit von 30 Sekunden hingegen könne man gültigere Aussagen über die Beschaffenheit einer Beziehung machen.

dem Videoband festgehaltenen ersten 30 Sekunden Prognosen über den weiteren Verlauf der Begegnungen zu machen, wobei die Schüler nur das körperliche Verhalten beobachten sollten. Die erstaunliche Zuverlässigkeit der Beobachter sowie die hohe Übereinstimmung in den Bewertungen veranlaßten uns schließlich, die ersten 30 Sekunden der Begegnungen zum Mittelpunkt unserer Forschungsarbeit zu machen.

Wie konnten diese außenstehenden Beobachter bereits nach 30 Sekunden weitgehend richtig einschätzen, ob sich die Schüler unseres Experiments verstehen würden? Ein wesentliches Beurteilungskriterium war sicherlich die anfänglich eingenommene Sitzposition. Auf den folgenden Abbildungen sieht man, auf welch unterschiedliche Weise die Schüler nach Betreten des Versuchsraums Platz nahmen. Einander zugewandt, Oberkörper nach vorne gebeugt, oder abgewandt, die Arme verschränkt. (Aus ethischen und rechtlichen Gründen ist eine Veröffentlichung der Originalphotos nicht erlaubt. Die Photos und Zeichungen sind daher wirklichkeitstreue Nachstellungen).

Die Angst, vor dem anderen das Gesicht zu verlieren (Risikowahrnehmung), die Attraktivität, die Selbsteinschätzung sowie das Interesse am anderen halte ich für die vier wichtigen Faktoren, die den Verlauf und vor allem den Beginn einer Begegnung bestimmen. Aus der Literatur weiß man, auf welche Weise sich die unterschiedlichsten Emotionen sowohl im verbalen als auch im nonverbalen Verhalten ausdrücken.

Wir gehen von der Annahme aus, daß bereits während der ersten 30 Sekunden einer Begegnung (und/oder früher) ein erster Eindruck entsteht, welcher wiederum den Grad der Selbsteinschätzung, der Attraktivitätsbeurteilung, der Risikowahrnehmung und des Interesses beeinflußt, und daß sich diese Emotionen sowohl im verbalen als auch im nonverbalen Verhalten beobachtbar ausdrücken.

Die Ergebnisse des Flirtexperiments waren stellenweise überraschend. Wenngleich einige Beobachtungen auf den ersten Blick befremdlich wirken – sie werfen nicht zuletzt die Frage nach der Geschlechtsspezifität des Verhaltens auf –, darf man nicht voreilig allgemeingültige Gesetzmäßigkeiten hieraus ableiten. Es muß betont werden, daß das Verhalten u. a. stets situations- und ortsangepaßt und natürlich auch altersabhängig ist. Es wirken folglich wesentlich mehr Faktoren ein, als wir in unseren Betrachtungen berücksichtigen konnten.

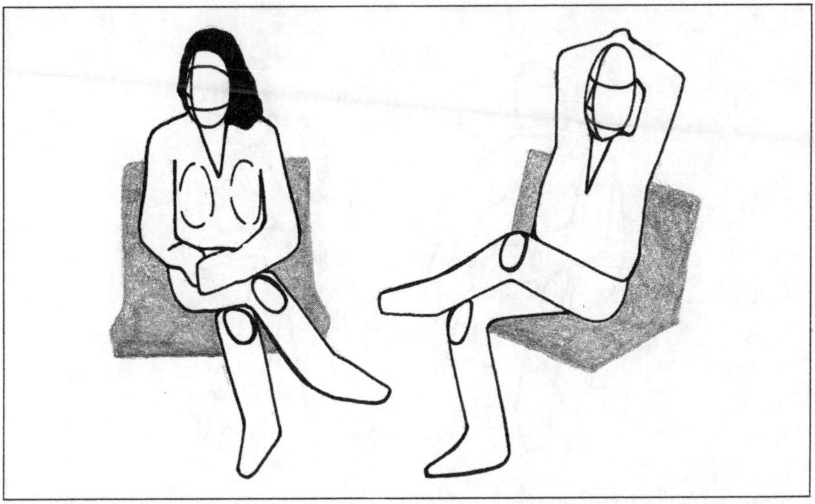

Abb.6: Bei diesem Paar gab der Mann im Fragebogen eine hohe Bereitschaft an, mit seiner Partnerin ins Kino zu gehen. Sie hingegen zeigte keinerlei Interesse an ihm. Bereits ihre anfängliche Sitzposition zeigt eine abweisende Haltung. Der Mann verschränkt seine Arme hinter dem Kopf – er macht sich dadurch größer. Es steht jedoch noch nicht fest, ob diese Geste tatsächlich eine Dominanzgeste ist. (Zeichnungen: David Kammerer)

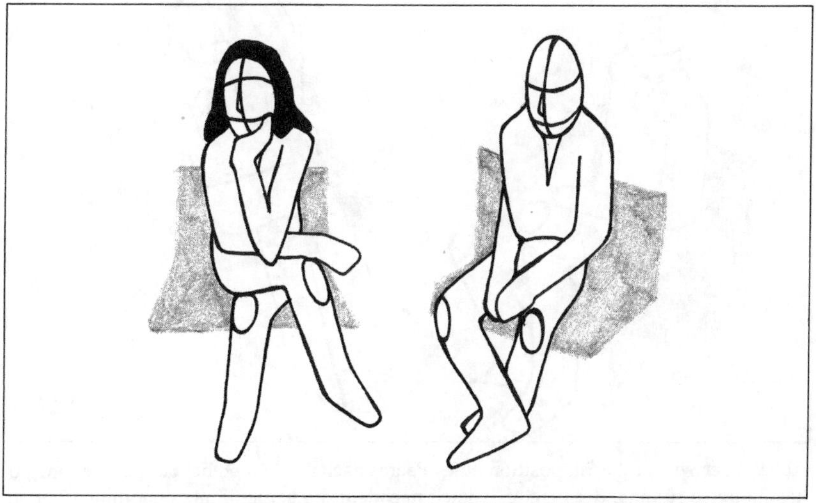

Abb.7: Diese Zeichnung zeigt das Versuchspaar, das sich am wenigsten zu sagen hatte. Während der 10 Minuten fielen lediglich drei kurze Sätze. Die Frau, in ihrer anfänglichen Haltung äußerst verschlossen, hat die Arme und Beine verschränkt.

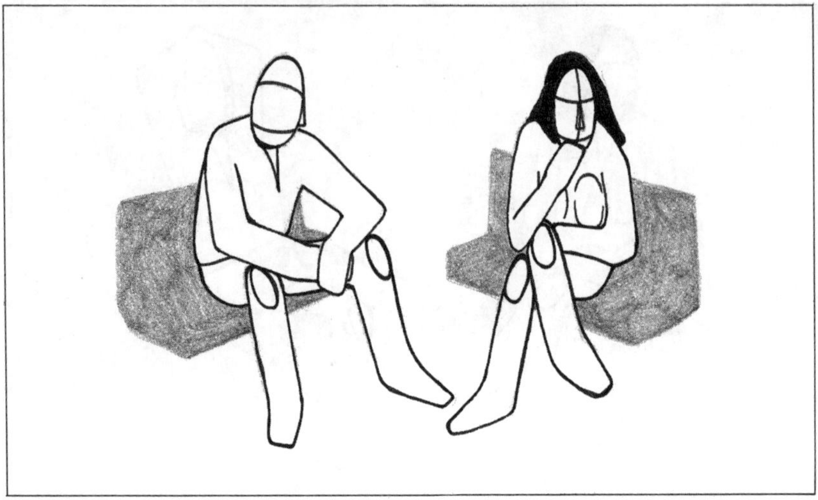

Abb.8: Bei diesem Paar hatte die Frau im Gegensatz zu ihrem Gesprächspartner nicht das geringste Interesse an einem gemeinsamen Kinobesuch. Sie ließ sich auf kein längeres Gespräch mit ihm ein und mied jeglichen Blickkontakt. Ihre anfänglich eingenommene Sitzposition drückt diese Abweisung deutlich aus.

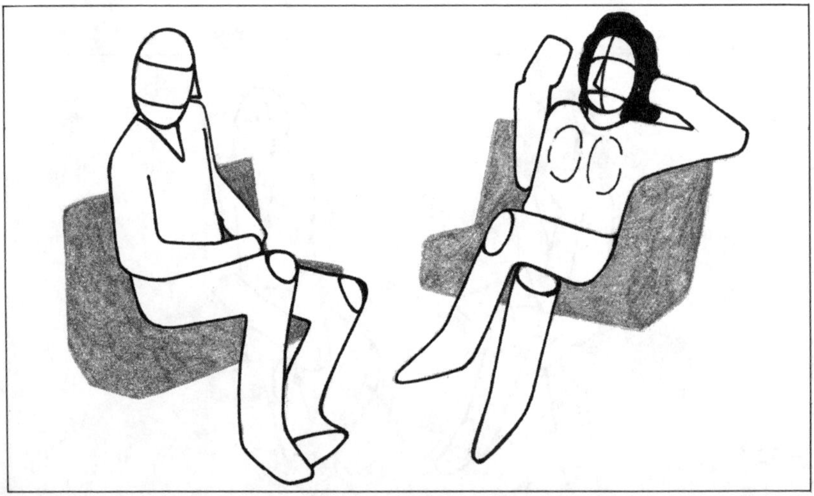

Abb.9: Hier wurde die Sitzposition eines Paares nachgezeichnet, bei dem beide sehr hohes Interesse füreinander zeigten. Gleich nachdem die beiden Platz genommen hatten, verschränkte die Frau ihre Arme hinter dem Kopf, kurz danach begann sie mit ihrem Unterkörper auf der Bank hin- und herzuwippen. Im Laufe der 10 Minuten zog sie ihren Pullover beinahe bedächtig aus, wobei sie aus den Augenwinkeln heraus beobachten konnte, wie sich ihr Gesprächspartner mit errötetem Gesicht abwandte.

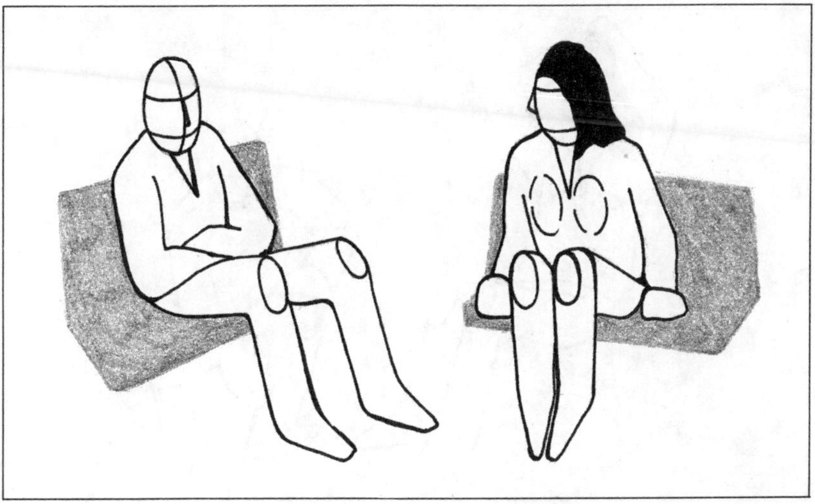

Abb.10: Die Frau dieses Paares zeigte ihr extremes Interesse an ihrem Gesprächspartner von Anfang an ebenso ausdrücklich wie er sein geringes Gefallen an ihr. Sie wandte sich ihm lange zu, sah ihn oft verlegen lächelnd an, er hingegen blieb weitgehend abweisend, sein Körper verharrte starr in einer ablehnenden Position.

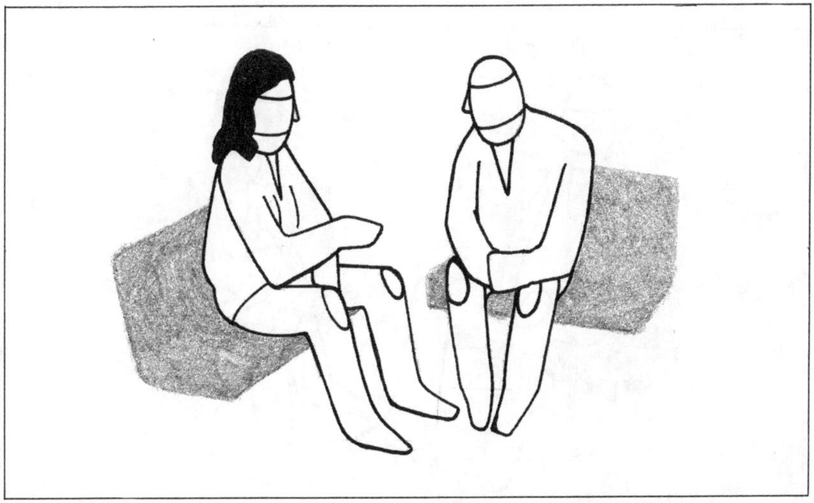

Abb.11: Bei diesem Paar kam nach 8 Minuten Körperkontakt zustande. Beide hatten Gefallen aneinander, setzten sich sofort sehr nah zusammen. Während der 10 Minuten spielt sich ein wahrer „Tanz“ zwischen ihnen ab. Der Mann drängte seine Partnerin mit geschickten Fußbewegungen langsam in die Ecke, bis sich schließlich ihre Knie berührten.

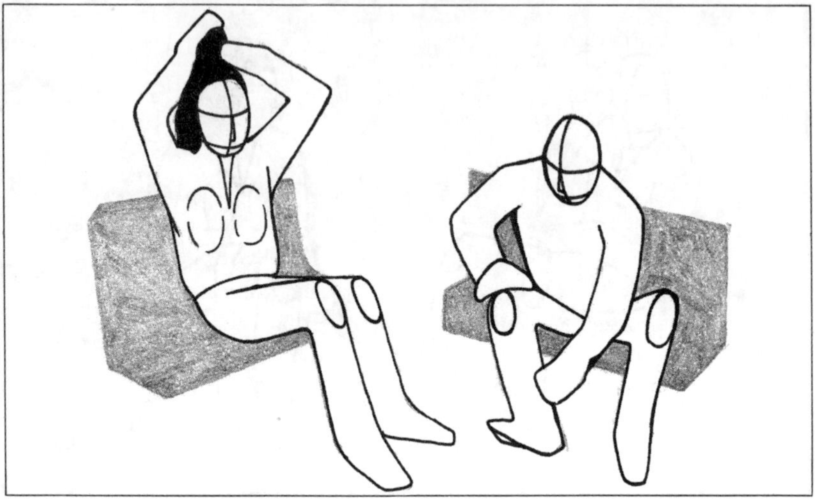

Abb.12: Hier war das Verhalten beider Versuchsteilnehmer von Unsicherheit gekennzeichnet. Bei der Frau wird das Armverschränken hinter dem Kopf u. a. als eine Geste der Unsicherheit gewertet. Der Mann beschäftigt sich mit seinen Hosen – eine Automanipulation, die ebenfalls oft in Fällen der Verlegenheit zu beobachten ist. Die Bereitschaft war bei beiden gemäßigt.

Abb.13: Dieser Mann setzte sich breitbeinig hin und begann alsdann, seine Muskeln spielen zu lassen – ein wesentliches männliches Flirtsignal – dieses „Stärkezeigen". Er hatte also großes Interesse an der Frau. Diese hingegen zeigte sich verschlossener, hielt die Beine lange überkreuz und wandte sich binnen kürzester Zeit ab. Ihr Interesse war gering.

Die Verhaltensforschung am Menschen steht fast immer vor dem Dilemma, daß die Aussagekraft ihrer Resultate durch die Schwachstellen ihrer Methodik eingeschränkt ist, insbesondere dann, wenn man bestimmte Verhaltensweisen bewußt isoliert betrachten will. Das menschliche Verhalten ist in einem komplexen System verschiedenster Zusammenhänge vernetzt. Auf jegliche Spezialisierung in der Methodik muß man jedoch bei der Darstellung der Ergebnisse unbedingt hinweisen, etwa auf die limitierte Zahl der Versuchspersonen. Bei Untersuchungen, die sich u. a. auch auf die Fragebogenmethodik verlassen, gilt es zu bedenken, daß man durch Fragebögen Auskünfte erhält, denen man Glauben schenken muß, weil sie sich kaum nachprüfen lassen – man ist auf Ehrlichkeit angewiesen. Es ist durchaus wahrscheinlich, daß manche Versuchsteilnehmer entweder absichtlich oder unbewußt falsche Auskünfte erteilen, die sich dann doch statistisch auswirken und zu falschen Schlüssen führen können. Es bleiben dem Wissenschaftler somit kaum Möglichkeiten, den Versuchsrahmen derart zu gestalten, daß die Beobachtungen und Befragungen definitive Schlüsse über Gesetzmäßigkeiten des menschlichen Verhaltens erlauben. Gerade auf die Allgemeingültigkeit kommt es dem Forscher aber letztlich an. Er kann seine Arbeit bzw. seine wissenschaftlichen Schlußfolgerungen vor der Öffentlichkeit nur dadurch legitimieren, indem er auf sämtliche erdenkliche Einschränkungen seiner Ergebnisse hinweist. Jeder wissenschaftlichen Arbeit ohne Quellen- und Methodenangaben ist daher mit Vorsicht zu begegnen.

Auch die Versuchsanordnung des Flirtexperiments hatte hinsichtlich der Beschränkung auf die ersten 30 Sekunden der Begegnung ihre Schwächen. So hatten beispielsweise die Schüler auf dem Weg zum Versuchsraum bereits die Möglichkeit, sich zumindest zu sehen. Obwohl der Experimentleiter darauf bedacht war, ein Gespräch zwischen dem Versuchspaar zu verhindern, bestand dennoch auf diesem Weg die Möglichkeit einer ersten Einschätzung. Es wäre sicher leichter gewesen, die Schüler einzeln in den Versuchsraum zu führen, doch hätte dies den Verdacht aufkommen lassen müssen, es handle sich hier nicht, wie angekündigt, um eine Videoauswertung, sondern um eine „Falle".

Versuchsbeschreibung und Methoden

Für die Datenerhebung wählten wir zwei gleich große Gruppen von Schülern und Schülerinnen aus der Kollegstufe. Das Alter der 79 Männer lag durchschnittlich bei 18,6 Jahren, das der Frauen bei 18,0 Jahren. An insgesamt 50 Gymnasien im Münchner Raum verschickten wir Einladungen zu einer Führung durch das Max-Planck-Institut Seewiesen. Da sich hier gewisse Interessenbereiche überschnitten, galten unsere Einladungen ausschließlich Schülern des Biologieleistungskurses. Mit der Teilnahme an einem Vortrag über das Tätigkeitsfeld des Max-Planck-Instituts erklärten die Schüler ihre Bereitschaft zur Teilnahme an einem Versuch.

Die Resonanz auf unser Schreiben war äußerst positiv, was uns eine beliebige Kombination der Gymnasien ermöglichte. Zu einem Vortrag wurden jeweils zwei Schulen geladen. Jeder Schüler erhielt einen numerierten Zettel, dessen Farbe zugleich Geschlecht und Zugehörigkeit zur Schule kennzeichnete. Die Schüler versammelten sich im großen Kolloquiumsraum, wo Karl Grammer einen Vortrag hielt und Filme

Abb. 14: Die „Experimentatoren" Karl Grammer und Christiane Doermer-Tramitz an ihrem „Tatort", dem Versuchsraum.

zeigte. Während des Vortrages wurden zwei vom Computer zufällig ausgewählte Personen in einen Nebenraum geführt. Auf dem Weg zu diesem Zimmer achteten wir darauf, daß die Versuchspersonen nicht miteinander sprachen und nicht nebeneinander gingen.

Der Raum hatte eine Größe von 8 Quadratmetern und war bis auf zwei im Winkel von 90° zueinander aufgestellten Sitzgelegenheiten und einem gegenüber plazierten Fernseher unmöbliert. An den Wänden hingen Landschaftsposters, Bilder von der Popsängerin Madonna sowie Tanzszenenphotos von asiatischen Frauen. Unsere Mikrophone waren in zwei Lautsprechern verborgen, die in den Ecken des Zimmers aufgehängt waren.

Gegenüber der beiden Sitzbänken, hinter einer mit Plakaten zugeklebten einseitig verspiegelten Scheibe, filmte die versteckte Kamera das Geschehen durch ein kleines Loch zwischen den Postern.

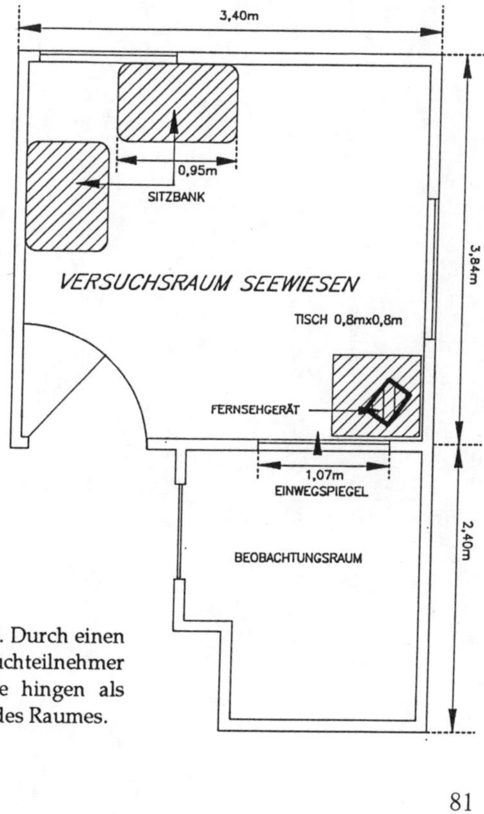

Abb. 15: Skizze des Versuchsraums. Durch einen Einwegspiegel wurden die Versuchteilnehmer heimlich gefilmt. Die Mikrophone hingen als Lautsprecher getarnt in den Ecken des Raumes.

Nachdem die Schüler Platz genommen hatten, bat sie der Versuchsleiter, sich einen Videofilm anzusehen, zu dem sie anschließend einen Fragebogen ausfüllen sollten. Inzwischen läutete das Telephon hörbar im Nebenzimmer. Der Versuchsleiter entschuldigte sich und ließ, noch bevor er das Videogerät eingeschaltet hatte, mit dem Hinweis, er müsse den Anruf entgegennehmen, die Versuchspersonen allein. Nach zwei Minuten kehrte er zurück und erklärte ihnen, bei dem Telephonat handle es sich um einen sehr wichtigen Anruf, stellte ihnen aber frei, den Raum inzwischen zu verlassen, um den Verdacht einer Inszenierung nicht aufkommen zu lassen – ohne Ausnahme zogen es alle Teilnehmer vor, im Versuchsraum zu warten. Es folgten nun 8 Minuten Wartezeit, so daß sich die Paare insgesamt 10 Minuten allein in dem Zimmer befanden. Im Anschluß daran wurden sie über den Versuch aufgeklärt und in einen anderen Raum gebeten, wo ihnen der (nun folgende) Fragebogen vorgelegt wurde.

Versuchsnummer....Datum.............
Alter............Geschlecht weiblich
(Diese Fragebögen werden streng vertraulich behandelt, Sie sind niemandem sonst als dem Experimentator zugänglich)

1. Ich habe einen andersgeschlechtliche(n) Freund(in) (im Sinne von festem Partner)

JA
NEIN
Hatte, zur Zeit aber

2. Wo und wann haben Sie sich kennengelernt?
....

Im folgenden Fragebogen finden Sie eine Reihe von Aussagen, denen sie zustimmen oder die Sie ablehnen können. Wenn Sie zum Beispiel die "7" ankreuzen, dann würde das heißen" ich stimme vollständig mit der Aussage überein" wenn Sie eine "1" ankreuzen, würde das heißen "diese Aussage trifft für mich nicht zu".

Sie haben soeben eine Situation erlebt, in der sie auf zwei Ihnen fremde Person getroffen sind. Sie mußten 10 Minuten mit diesen Personen verbringen.

1. Diese 10 Minuten habe ich a. als angenehm empfunden.
Trifft nicht zu 1 2 3 4 5 6 7 Trifft zu

b. als unangenehm empfunden
Trifft nicht zu 1 2 3 4 5 6 7 Trifft zu

c. als spannend empfunden
Trifft nicht zu 1 2 3 4 5 6 7 Trifft zu

d. als langweilig empfunden
Trifft nicht zu 1 2 3 4 5 6 7 Trifft zu

Stellen Sie sich folgende Situation vor:

Sie gehen allein auf ein Fest, auf dem Sie niemanden kennen.

0. In solchen Situationen fällt mir eine Kontaktaufnahme im allgemeinen leicht.
Trifft nicht zu 1 2 3 4 5 6 7 Trifft zu

Beantworten Sie zunächst die Frage im Bezug auf eine der anwesenden männlichen Personen (Kennzeichen:.................... (z.B. rote Jacke))

1. Ich hätte versucht, mit der Person, mit der ich eben im Versuchsraum zusammen war, auf jeden Fall Kontakt aufzunehmen, weil er mir gefällt.
Trifft nicht zu 1 2 3 4 5 6 7 Trifft zu

2. Ich hätte dies nicht getan, da er nicht mein Typ ist.
Trifft nicht zu 1 2 3 4 5 6 7 Trifft zu

3. Im Falle einer Kontaktaufnahme hätte ich die Inititiative ergriffen, und ihn unbedingt angesprochen.
Trifft nicht zu 1 2 3 4 5 6 7 Trifft zu

4. Ich hätte darauf gewartet bis er mich anspricht, mich aber bemerkbar gemacht.

Trifft nicht zu 1 2 3 4 5 6 7 Trifft zu

5. Falls er mich angesprochen hätte wäre ich

a. auf das Gespräch eingegangen.

Trifft nicht zu 1 2 3 4 5 6 7 Trifft zu

b. Hätte ich das Gespräch abgewürgt

Trifft nicht zu 1 2 3 4 5 6 7 Trifft zu

6. Falls ich diese Person, die mit mir im Versuchsraum war, zu einem Kinobesuch einladen würde, würde Sie wohl

a. zusagen.

Trifft nicht zu 1 2 3 4 5 6 7 Trifft zu

b. ablehnen.

Trifft nicht zu 1 2 3 4 5 6 7 Trifft zu

7. Bei der Frage nach seiner Telefonnummer, würde er

a. sie mir geben

Trifft nicht zu 1 2 3 4 5 6 7 Trifft zu

b. sie mir nicht geben.

Trifft nicht zu 1 2 3 4 5 6 7 Trifft zu

8. Eine ablehnende Antwort würde ich als verletzend empfinden.

Trifft nicht zu 1 2 3 4 5 6 7 Trifft zu

9. Falls er mich Fragen würde, würde ich

a. auf jeden Fall ins Kino mitgehen.

Trifft nicht zu 1 2 3 4 5 6 7 Trifft zu

b. nicht mitgehen.

Trifft nicht zu 1 2 3 4 5 6 7 Trifft zu

10. Meine Telefonnummer würde ich Ihm

a. auf jeden Fall geben.

Trifft nicht zu 1 2 3 4 5 6 7 Trifft zu

b. auf keinen Fall geben, ein Wiedersehen interessiert mich nicht

Trifft nicht zu 1 2 3 4 5 6 7 Trifft zu

11. Falls man Attraktivität wie in der Schule mit Noten von 1 bis 6, bewerten könnte würde ich mir eine ... geben und diesem Versuchspartner eine ...

VERSUCHSNUMMER.......... DATUM...........

ERKLÄRUNG

ICH BIN DARÜBER AUFGEKLÄRT WORDEN, DAß ICH OHNE MEIN WISSEN BEOBACHTET UND GEFILMT WORDEN BIN.

ICH GEBE MEIN EINVERSTÄNDNIS, DAß DIE ERHOBENEN DATEN IN EINER WISSENSCHAFTLICHEN UNTERSUCHUNG VERWENDET WERDEN.

ICH GEBE MEINE ZUSTIMMUNG UNTER DEM VORBEHALT DAß:

- WEDER MEIN NAME GENANNT, NOCH MEIN BILD AUS DEN VIDEO-FILMEN VERÖFFENTLICHT ODER DRITTEN VORGEFÜHRT WERDEN.

- AUSSCHLIEßLICH DER DURCHFÜHRENDE DES FORSCHUNGSPROJEKTS ZUGANG ZU DEN DATEN HAT

- DIE AUFNAHMEN NACH ABSCHLUß DES PROJEKTS GELÖSCHT WERDEN.

FÜR EVENTUELLE FOLGEN DER AUFDECKUNG DER BEOBACHTUNG HAFTEN WEDER DIE MAX-PLANCK-GESELLSCHAFT NOCH DIE DURCHFÜHRENDEN DES FORSCHUNGSPROJEKTS.

SEEWIESEN, DEN

(UNTERSCHRIFT)

Wie den Fragen zu entnehmen ist, erfaßt der Fragebogen die vier wesentlichen Hauptkriterien Selbsteinschätzung (erster Teil der Frage 11), Attraktivitätsbeurteilung (Frage 1 und zweiter Teil der Frage 11), Interesse am anderen (Fragen 8, 9, 10) und die Risikowahrnehmung (Frage 6, 7).

Die letzte Frage des Bogens (11), „Geben Sie sich und Ihrem Partner eine Note für die Attraktivität", sorgte für manche Gegenfrage: Was man unter Attraktivität zu verstehen habe, das Aussehen allein oder die Gesamterscheinung? Wir nahmen letztere als Kriterium für Attraktivität. Dennoch blieb uns verborgen, ob die einzelnen Versuchspersonen bei der Beurteilung nun das Aussehen oder das Gesamtverhalten berücksichtigten, da bekanntermaßen jeder Mensch bei der Einschätzung des anderen unterschiedliche Bewertungsmaßstäbe anlegt und auf unterschiedliche Dinge achtet.

Auf der letzten Seite des Fragebogens wurden die Versuchspersonen um ihr Einverständnis für die wissenschaftliche Verwendung der erhobenen Daten gebeten, was alle bereitwillig taten.

Die vier durch den Fragebogen erfaßten Hauptfaktoren wurden mit den Daten anderer Verhaltensmuster (Blick- und Sprachverhalten) in Zusammenhang gebracht. So suchte ich beispielsweise nach einer möglichen Wechselbeziehung (Korrelation) zwischen der Selbsteinschätzung und dem Blickverhalten, zwischen der Attraktivitätsbeurteilung und der Sprechweise etc. Der jeweilige Signifikanzwert gibt schließlich Auskunft über die Aussagekraft eines Zusammenhangs. Bis auf wenige Ausnahmen (Varianzanalysen) handelt es sich bei den Ergebnissen um signifikante ($p < 0.01$) und hochsignifikante ($p < 0.001$) Korrelationen.

Nun geben Korrelationen zwar Auskunft über die Zusammenhänge diverser Faktoren, verraten jedoch nichts über Kausalitäten. Es bleibt also offen bzw. der individuellen Interpretation überlassen, zu beurteilen, ob und wenn welcher Faktor jeweils Ursache des anderen Faktors ist. Bei vielen Korrelationen dürfte jedoch der kausale Zusammenhang eindeutig sein: „Je attraktiver die Frau den Mann findet, desto mehr sieht sie ihn an." . Hier dürfte die hohe Attraktion des Mannes der Grund dafür sein, daß die Frau ihn ansieht. Die umgekehrt kausale Interpretation hingegen: „Weil die Frau ihn ansieht, findet sie ihn attraktiv", ist eher unglaubwürdig.

Wir kommen nun zu den *Methoden* der Datenauswertung. Beim Blickverhalten wurde berücksichtigt, wie lange es bis zum ersten Blick dauerte, wer den Blickkontakt initiierte, wie lange sich die Paare ansahen und wer von den Gesprächspartnern den Blickkontakt abbrach.

Bei der Auswertung des Sprachverhaltens konzentrierten wir uns auf die Gesprächseröffnung, also darauf, wer auf welche Weise das Gespräch eröffnete. Ferner zählten wir alle gesprochenen Wörter, berücksichtigten die Länge der Äußerungen, wobei wir Einwort-, Zweiwort- und Dreiwortäußerungen von den Äußerungen mit vier und mehr Wörtern unterschieden.

Die Einwortäußerungen bestanden fast immer, ähnlich wie die Zweiwortäußerungen, aus Partikeln: hey, ah, oh, echt, irre.... na ja, ah ja, oh je....

Das Kennzeichnende der Dreiwortäußerungen war ihre Unvollständigkeit: „ist ja Wahnsinn"...„glaub ich nicht" etc.

In der letzten Kategorie waren die grammatikalisch vollständigen Sätze zusammengefaßt.

Darüber hinaus berücksichtigten wir die Zahl der während der ersten 30 Sekunden gestellten Fragen. Die Auswertung der Gesprächspausen erstreckte sich über die gesamten 10 Minuten, wobei wir diese nochmals in die ersten 30 Sekunden, in die ersten beiden Minuten und die restlichen acht Minuten unterteilten. Wer nach den Pausen das Gespräch jeweils weiterführte, war für uns ebenfalls von besonderem Interesse. (Ausführlichere Angaben über die Auswertungsmethodik befinden sich Anhang.)

Ich möchte abschließend noch darauf hinweisen, daß die Darstellung der Ergebnisse sowie ihre Interpretation zum Teil subjektiv gefärbt sein kann.

Fünftes Kapitel

Die Ergebnisse des Fragebogens

Welche Ergebnisse erbrachte die Auswertung des Fragebogens? Die Männer würden im Durchschnitt eher mit den Frauen in das Kino gehen als die Frauen mit den Männern, was darauf hinweist, daß Frauen selektiver, also wählerischer vorgehen als Männer (siehe Abbildung 16).

Männer legen, und darin stimmen unsere Ergebnissen mit vielen anderen Untersuchungen überein, mehr Wert auf die Attraktivität ihres Partners. Unserem Fragebogen zufolge wächst bei Männern die Bereitschaft, den anderen ins Kino zu begleiten, lediglich dann, wenn ihre Partnerin attraktiv ist.

Ein weiterer Unterschied zeigt sich bei der gegenseitigen Einschätzung der Attraktivität: Interessanterweise schätzen die Männer sich selber höher ein, als sie von den Frauen eingeschätzt werden. Die

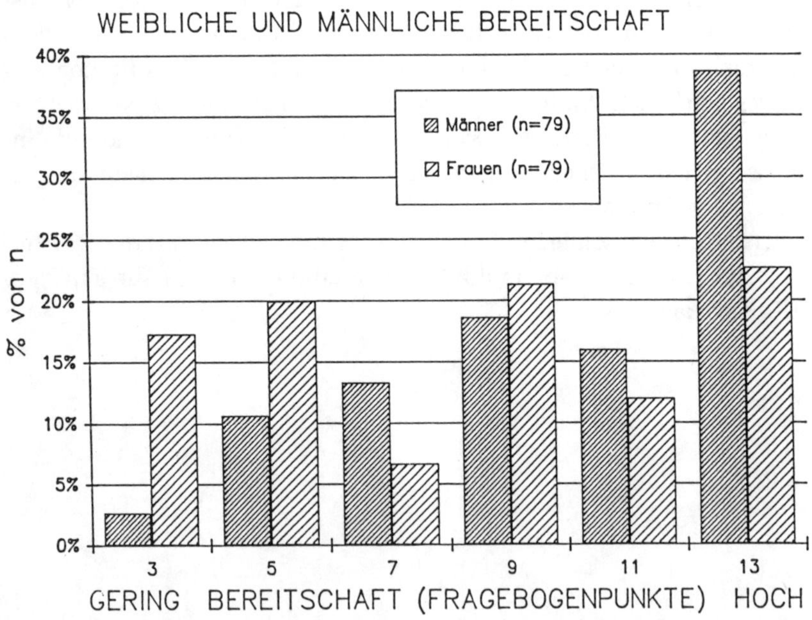

Abb. 16: Frauen sind wählerischer als Männer. Die Bereitschaft, eine Frau ins Kino zu begleiten, ist beim Mann durchschnittlich höher als die Bereitschaft der Frau.

Männer unseres Schülerexperiments überschätzten also ihr Aussehen. Bei den Frauen hingegen sieht es genau umgekehrt aus. Sie empfinden sich im allgemeinen als weniger attraktiv, als sie von den Männern tatsächlich eingeschätzt werden. Frauen neigen demnach zur Untertreibung (siehe Abbildung 17).

Frauen sind sich überdies sicherer, daß sie vom Mann ins Kino begleitet würden. Bei Männern hingegen hängt diese Sicherheit u. a. von ihrer Selbsteinschätzung ab, das heißt, je attraktiver der Mann sich selbst einschätzt, desto weniger befürchtet er eine Absage von seiten der Frau.

Wir erkundigten uns im Fragebogen auch nach dem Vorhandensein eines festen Partners. Interessanterweise gab es keinen Zusammenhang zwischen der Bereitschaft, den „Versuchspartner" ins Kino zu begleiten, und der Tatsache, daß man einen Freund bzw. eine Freundin hat.

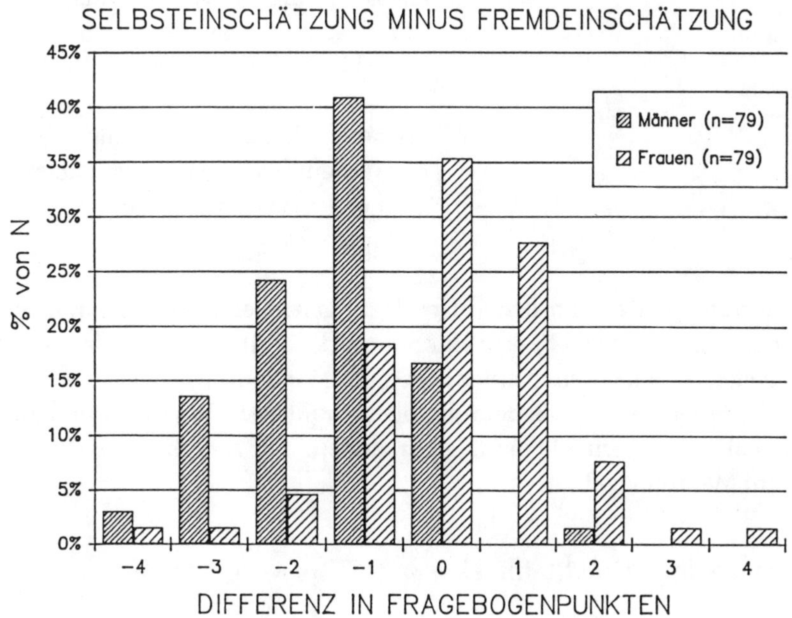

Abb. 17: Männer überschätzen ihr eigenes Aussehen, Frauen hingegen sehen sich meist realistischer.

Eigenartig war jedoch, daß Männer mit den Frauen, die bereits eine feste Beziehung hatten, bereitwilliger ins Kino gegangen wären – jedoch ohne von der bestehenden Freundschaft gewußt zu haben. Übrigens war es keineswegs so, daß die als attraktiv bewerteten Frauen auch einen festen Freund hatten.

- Den Antworten des Fragebogens läßt sich also entnehmen, daß Frauen bei der Frage, mit wem sie ins Kino gehen würden, wesentlich wählerischer sind als Männer. Das Aussehen des Partners wiederum ist für Männer von größerer Bedeutung als für Frauen. Diese, darauf werde ich noch zurückkommen, achten vielmehr auf das Interesse, das sie bei dem Mann verspüren. Der hierin erkennbare Geschlechtsunterschied soll nicht ohne Interpretation bleiben, der Leser möge sich jedoch bis zum letzten Kapitel gedulden.

… auf den ersten Blick

der erste Blick
Ich sah sie an; mein Leben hing
Mit diesem Blick an ihrem Leben:
Ich fühlt es wohl und wußt es nicht
…
Sie sah mich an. Ihr Leben hing
Mit diesem Blick an meinem Leben,
Und um uns wards Elysium.
(Klopstock)

Es ist nun nach ausführlichen Überlegungen über die diversen, eine Begegnung beeinflussenden Faktoren an der Zeit, zu der Bedeutung der ersten 30 Sekunden in einer Begegnung zu kommen. Beginnen wir mit der Frage nach der Bedeutung der Attraktivität: Woran kann man innerhalb der ersten 30 Sekunden erkennen, daß z. B. die Frau Gefallen am Mann findet?

Wenn sie ihn attraktiv findet

Tatsächlich läßt sich bereits am ersten Blick erkennen, ob die Frau ihren Gesprächspartner attraktiv findet. Je eher sie ihn nämlich ansieht, desto attraktiver findet sie ihn. Im übrigen ging der erste Blick, nachdem die Versuchsteilnehmer sich auf den Sitzbänken niedergelassen hatten, in der Regel ohnehin meist von der Frau aus, und das bereits nach 1 – 3 Sekunden. Den ersten Blick riskierten bei unserem Flirtexperiment 31 mal die Frauen und nur 16 mal die Männer. 20 mal kam es zu einer gleichzeitigen Blicksuche. Blickkontakt ist für die Frau also von größerer Wichtigkeit als für den Mann – eine Bestätigung für den in der Fachliteratur so oft beschriebenen Geschlechtsunterschied.

Die Frauen, die den ersten Blick, also die erste Kontaktaufnahme, dem Mann überließen, sahen diesen während der folgenden 30 Sekunden alles in allem auch seltener an, was dazu führte, daß es meist an den Männern lag, im weiteren Gesprächsverlauf den Blickkontakt herzustellen. Die Vermeidung des Blickkontakts seitens der Frau während der ersten 30 Sekunden ist folglich ein Hinweis dafür, daß ihr der Mann nicht besonders gefällt.

Attraktive Männer beeinflussen die Sprechweise der Frau. Kann man im Gespräch bei der Frau häufige „ahh, ohh, eye-s“, also Partikel oder Einwortäußerungen vernehmen, dürfte ihr der Mann gefallen. Gleichzeitig scheint die Attraktivität ihres Partners eine verunsichern-

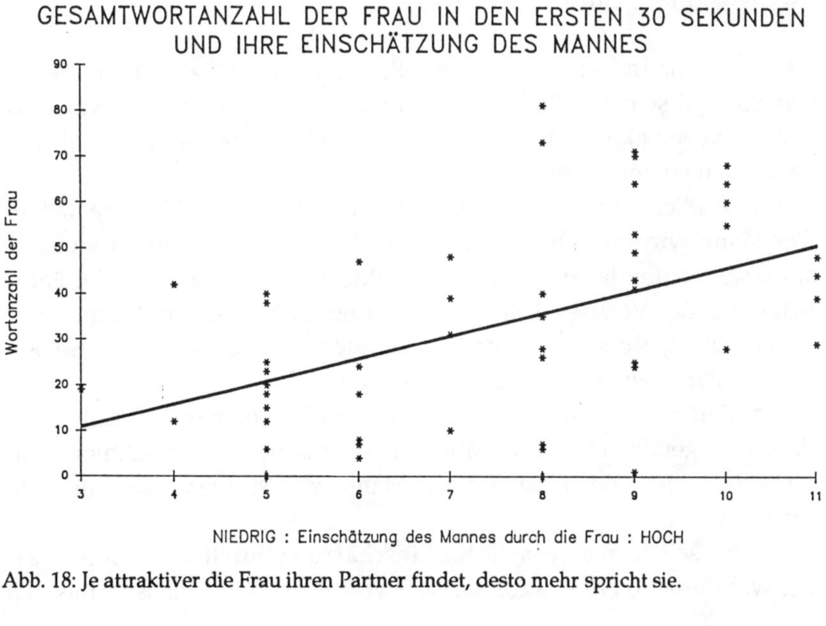

Abb. 18: Je attraktiver die Frau ihren Partner findet, desto mehr spricht sie.

de Wirkung auf sie zu haben, die sich wiederum auf ihren Redefluß auswirkt: Ihre Sätze werden kürzer – sie spricht in vielen Dreiwortsätzen. Längere Sätze hingegen sind selten.

Fühlt sich die Frau zum Mann hingezogen, wird sie gesprächig. Je mehr Frauen während der ersten 30 Sekunden sprechen, desto mehr gefällt ihnen der Mann (siehe Abbildung 18).

Es ist anzunehmen, daß die Frau einem Mann, den sie attraktiv findet, mehr Interesse entgegenbringt und entsprechend häufiger Fragen stellt – in unserem Fall nach seiner Schule, Klasse, Leistungskurs etc. Viele Fragen sind bei der Frau somit ein weiterer Hinweis dafür, daß der Mann ihr gefällt.

Für Frauen ist es unseren Ergebnissen zufolge wichtig, daß ihre Gesprächspartner „mithelfen", ein Gespräch aufzubauen bzw. in Gang zu halten. Wortkargheit der Männer während der ersten 30 Sekunden steht in negativem Zusammenhang mit der weiblichen Attraktivitätsbeurteilung: Je weniger er spricht, desto unattraktiver ist er für sie. Der Grad männlicher Gesprächigkeit steht jedoch wiederum in enger Beziehung zur Häufigkeit der Fragen der Frau.

Wenn sie ihm gefällt

Findet der Mann Gefallen an seiner Partnerin, so drückt sich dies in erster Linie in seinem Blickverhalten aus – er versucht bereits während der ersten 30 Sekunden, häufig Blickkontakt herzustellen und hält ihn dann auch länger als sie.

Dieses Blickverhalten kann jedoch auch eine andere Ursache haben: Der Mann wird von ihr, wie oben beschrieben, als unattraktiv eingestuft, sie meidet daher den Blickkontakt, initiiert ihn auch nicht. Folglich bleibt der Versuch, (Blick-)Kontakt herzustellen, dem Mann überlassen. Dieser jedoch wagt die Blicke nur bei genügend hoher Selbsteinschätzung, wie wir später noch sehen werden.

Häufige Fragen sind auch beim Mann ein Hinweis dafür, daß die Frau ihm gefällt. Den Korrelationen ist überdies zu entnehmen, daß die Attraktivität der Frau für den Mann wächst, wenn sie ihm viele Fragen stellt.

Frauen scheinen eine negative Einschätzung durch den Mann sensibel wahrzunehmen. Glaubt sie sich von ihrem Gesprächspartner als unattraktiv empfunden, so ist ihre Sprechweise von Unsicherheit gekennzeichnet: Die Zahl ihrer kurzen, grammatikalisch unkorrekten Sätze ist dementsprechend groß.

Wie zeigt sich das Interesse der Frau am Mann?

Bisher sind wir den Zusammenhängen von Attraktivität und Verhalten nachgegangen. Im folgenden Abschnitt konzentrieren wir uns nun auf die Frage, wie sich das Interesse am anderen, also die Bereitschaft, mit ihm ins Kino zu gehen, äußert und wodurch es beeinflußbar ist.

Wieder ist es die Sekundenzahl bis zum ersten Blick, die verrät, ob die Frau am Mann interessiert ist. Je größer diese ist, desto geringer ist ihre Bereitschaft, ihn zu begleiten. Dieser Zusammenhang ist übrigens hochsignifikant.

Auf sprachlicher Ebene korreliert das Auftreten vieler Einwortäußerungen („ahh, ey" etc.) mit ihrer Bereitschaft, ihn ins Kino zu beglei-

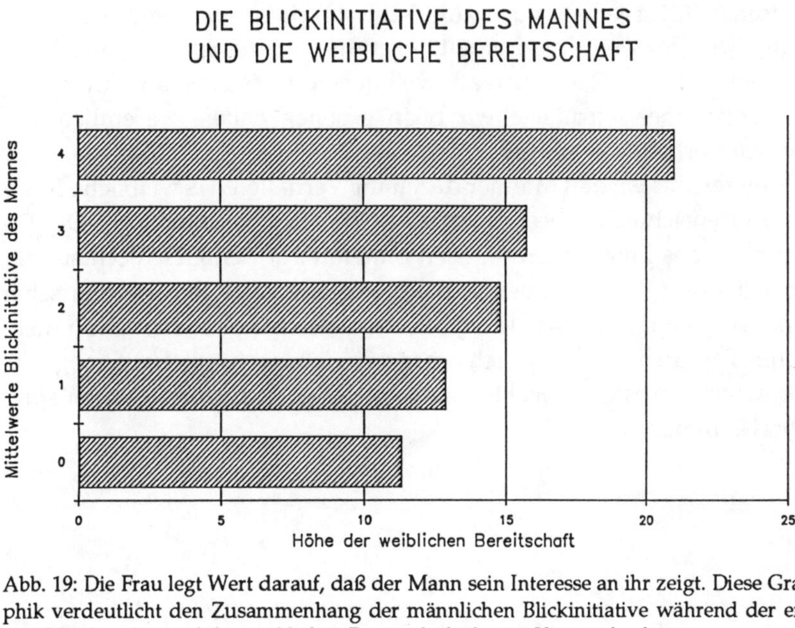

Abb. 19: Die Frau legt Wert darauf, daß der Mann sein Interesse an ihr zeigt. Diese Graphik verdeutlicht den Zusammenhang der männlichen Blickinitiative während der ersten 30 Sekunden und der weiblichen Bereitschaft, ihn ins Kino zu begleiten.

ten. Starkes Interesse am Mann drückt sich auch in der Gesprächseröffnung aus. Frauen eröffnen dann die Unterhaltung in der Regel mit einer Frage, also einer direkten Gesprächsaufforderung. Der Mann kann übrigens durch sein Verhalten das Interesse der Frau an ihm stark beeinflussen: durch viele Fragen und häufiges Initiieren des Blickkontaktes (siehe Abbildung 19).

Woran erkennt man, ob der Mann an der Frau interessiert ist?

Die Bereitschaft der Männer, ihre Partnerinnen ins Kino zu begleiten, ist, wie wir bereits gesehen haben, allgemein ohnehin größer als umgekehrt.

Das Interesse des Mannes aus dessen Blickverhalten zu entschlüsseln, war bei unserem Experiment jedoch nicht möglich – wir fanden hierfür zumindest keinerlei statistische Anhaltspunkte. Auf sprachlicher Ebene jedoch drückt sich sein Interesse, wie auch bei der Frau, durch die Gesprächseröffnung in Form einer Frage aus. Des weiteren sind auch bei ihm viele Einwortäußerungen zu verzeichnen. Hohe Bereitschaft führt jedoch auch zur Frage, ob diese von der Frau geteilt wird: Der Faktor „Unsicherheit" kommt hier ins Spiel – seine Sätze werden kürzer. Das Ausmaß weiblichen Interesses an ihrem Gesprächspartner wird, wie wir oben gesehen haben, wesentlich von dessen Verhalten beeinflußt.

Interessant ist, daß Männer durch ihr Verhalten das weibliche Interesse offensichtlicher beeinflussen als Frauen das männliche. Die Ergebnisse des Fragebogens weisen ohnehin auf den Geschlechtsunterschied bezüglich des Interesses hin: Frauen sind eben wählerischer und machen ihre Entscheidung, im Gegensatz zu Männern, von mehreren Faktoren abhängig. Ich werde im letzten Kapitel auf mögliche Ursachen dieses Geschlechtsunterschiedes noch ausführlicher zu sprechen kommen.

Welche Auswirkungen hat die Selbsteinschätzung?

Als wohl verblüffendstes Ergebnis unseres Experiments stellte sich ein Faktor heraus, dessen Wirkung uns zwar durchaus bewußt war, dessen großen Einfluß und Folgen wir jedoch nur schwerlich erahnen konnten: die Selbsteinschätzung. Wir fanden heraus, daß die Selbstbeurteilung bei Männern und Frauen nicht nur völlig unterschiedlich zur Wirkung kommt, sondern zudem die gesamte Begegnung von Mann und Frau maßgeblich bestimmt.

Bei geringer Selbsteinschätzung suchen Frauen im Gegensatz zu Männern verstärkt Kontakt, zumindest auf der Ebene des Blickverhaltens (siehe Abbildung 20).

Kurze und unvollständige Sätze während der ersten 30 Sekunden weisen bei der Frau auf Unsicherheit bzw. geringe Selbsteinschätzung hin. Ich hatte bereits erwähnt, daß vor allem ein attraktiver Mann „Auslöser" der weiblichen Verunsicherung ist (siehe Abbildung 21).

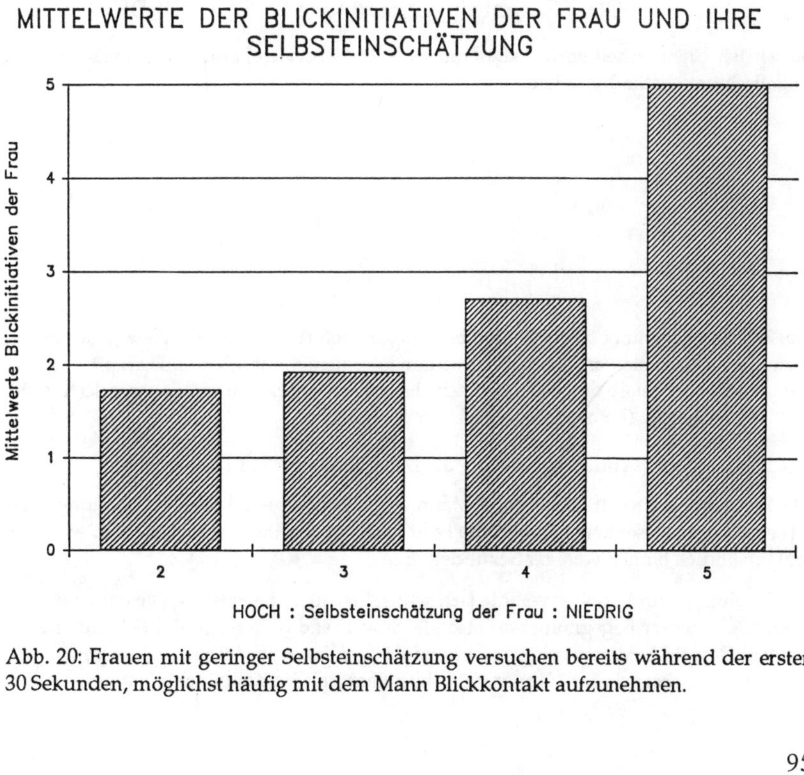

Abb. 20: Frauen mit geringer Selbsteinschätzung versuchen bereits während der ersten 30 Sekunden, möglichst häufig mit dem Mann Blickkontakt aufzunehmen.

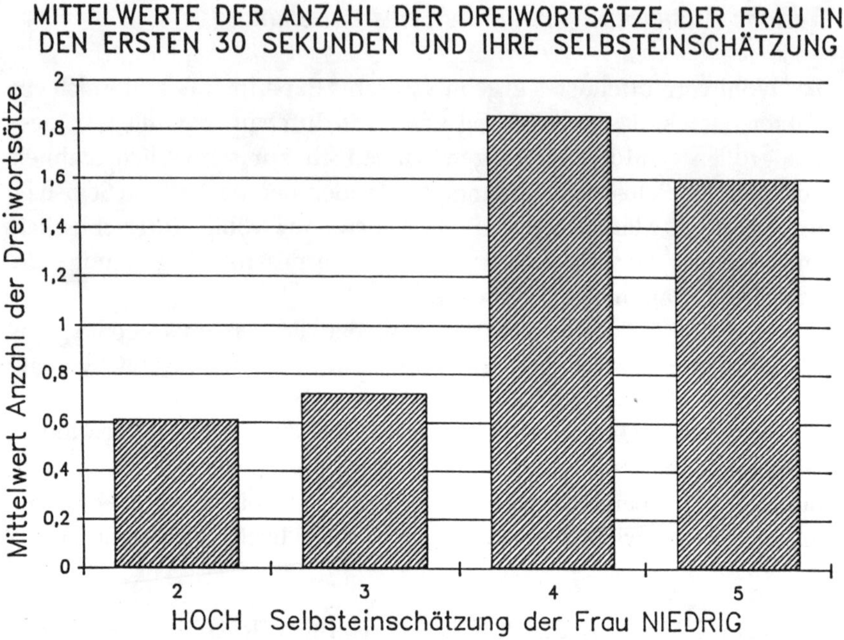

Abb. 21: Bei Unsicherheit spricht die Frau viele Dreiwortsätze, also kurze, meist grammatikalisch unvollständige Sätze.

Abb. 22: Die Begegnung dieser beiden begann gut. Sofort nachdem sie Platz genommen hatten, lachten sie sich an. Beide Sitzpositionen schienen zunächst entkrampft. Jedoch bereits nach eineinhalb Sekunden – nach der ersten Einschätzung?! – veränderte sich das Bild schlagartig. (Fotoserie: Christl Lautenbacher)

Abb. 23: Der Mann wendete sich abrupt ab. Das Lächeln der Frau verschwand.

Abb. 24: Immer weiter drehte sich der Mann weg. Die übergeschlagene Beinhaltung verriet seine Verschlossenheit. Obwohl die Frau nach wie vor ihm zugewandt saß, war der Kontaktabbruch binnen weniger Sekunden da.

Abb. 25: Eine Sekunde später wandte sich schließlich auch die Frau ab. Die entscheidende Wende in dieser Begegnung war also gleich während der ersten fünf Sekunden eingetreten. Obwohl beide anschließend im Fragebogen Interesse füreinander angaben, erstickte die Unsicherheit des Mannes unbeeinflußbar jegliche Kontaktanbahnung.

Abb. 22

Abb. 23

Abb. 24

Abb. 25

Das wohl verwunderlichste Ergebnis der Datenanalyse war, daß der Grad des männlichen Selbstwertgefühls den Ablauf der ersten 30 Sekunden bestimmte – jedoch nicht nur diesen, vielmehr stand die gesamte Begegnung, zumindest während der von uns beobachteten 10 Minuten, unter dem Einfluß des männlichen Selbstwertgefühls.

Männer ziehen sich bei Unsicherheit bereits während der ersten 30 Sekunden völlig zurück, meiden Blickkontakt und unterbinden jegliches Gespräch. Die Frau kann, so sehr sie sich auch um ein Gespräch bemüht, diesen männlichen „Rückzug" kaum verhindern!

Die Bilderserie (siehe Abbildungen 22–25) zeigt einen Mann, der sich selbst im Fragebogen als weit weniger attraktiv bewertete als seine Partnerin. Binnen weniger Sekunden brach er jeglichen Kontakt mit ihr ab, obwohl sie ihn freundlich angelächelt hatte. Bei dieser Begegnung war dann auch eine Pausenlänge von mehr als sieben Minuten zu verzeichnen.

Waren während der ersten 30 Sekunden auffällig viele Gesprächspausen zu verzeichnen, so stellten wir fest, daß in diesen Fällen auch der

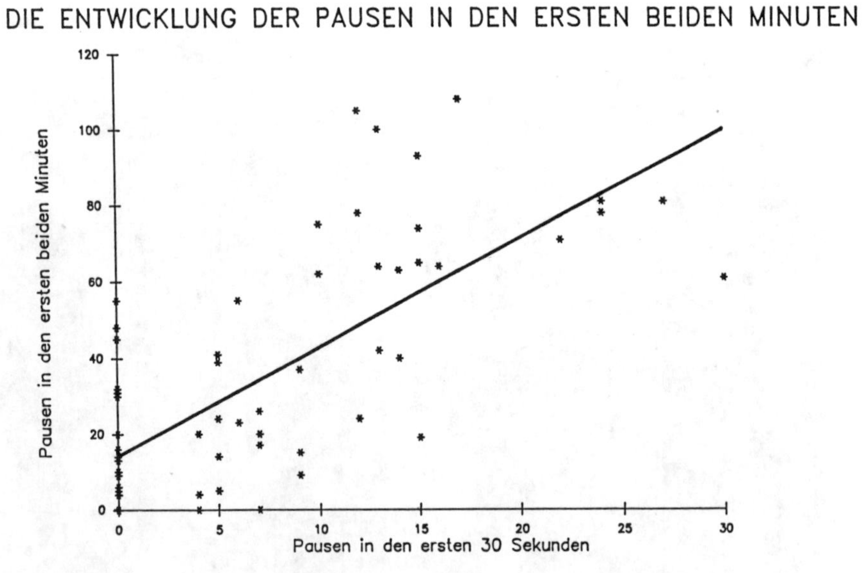

Abb. 26: Treten am Anfang einer Begegnung viele Pausen auf, so ist auch der weitere Verlauf weitgehend von Schweigen geprägt. Bei unserem Experiment kamen nur die wenigsten Paare nach solchen „Anlaufschwierigkeiten" ins Gespräch.

gesamte weitere Gesprächsverlauf durch viele und lange Pausen gehemmt war (siehe Abbildung 26). Fragt man nun nach den Ursachen für die Pausen während dieser ersten 30 Sekunden, so stößt man einzig und allein auf die mangelnde Selbstsicherheit des Mannes, die zu dessen Kontaktverweigerung führt (siehe Abbildung 27).
Die geringe Selbsteinschätzung des Mannes wirkt sich bereits während der ersten 30 Sekunden auf dessen Sprechweise aus: Die Anzahl seiner ganzen, vollständigen Sätze ist verhältnismäßig gering, wie aus der Abbildung 28 ersichtlich wird.
Ich werde im letzten Kapitel auf die möglichen Ursachen für diesen eklatanten und unerwarteten Geschlechtsunterschied eingehen.

Wovon hängt die Angst ab, vom anderen zurückgewiesen zu werden?

Als Risikowahrnehmung bezeichneten wir im Experiment die Einschätzung der Bereitschaft des anderen, mit ins Kino zu gehen. Unsere weiblichen Versuchsteilnehmer lasen die Bereitschaft ihrer Partner unter anderem aus der Häufigkeit von deren Blickinitative ab. Aber auch die Sprechweise diente den Frauen als Indikator für die männliche Bereitschaft. Je gesprächiger sich die Männer zeigten und je häufiger sie Einwortäußerungen machten, desto höher schätzten die Frauen die männliche Bereitschaft ein. Lange Gesprächspausen hingegen bewirkten eher das Gegenteil.

Anders als die erhöhte eigene Unsicherheit hat eine hohe Risikowahrnehmung bei den Frauen während der ersten 30 Sekunden keine besondere Auswirkungen.

Hohe Risikowahrnehmung wirkt sich bei den Männern lediglich bei der Gesprächseröffnung aus. Befürchtet er, sich bei der Frau einen „Korb" zu holen, so beginnt er das Gespräch meist gar nicht. Kann jedoch auch die Frau sich nicht überwinden, das Gespräch zu eröffnen, so versucht er die Unterhaltung mit einem indirekten Statement („ist heiß hier") in Gang zu setzen.

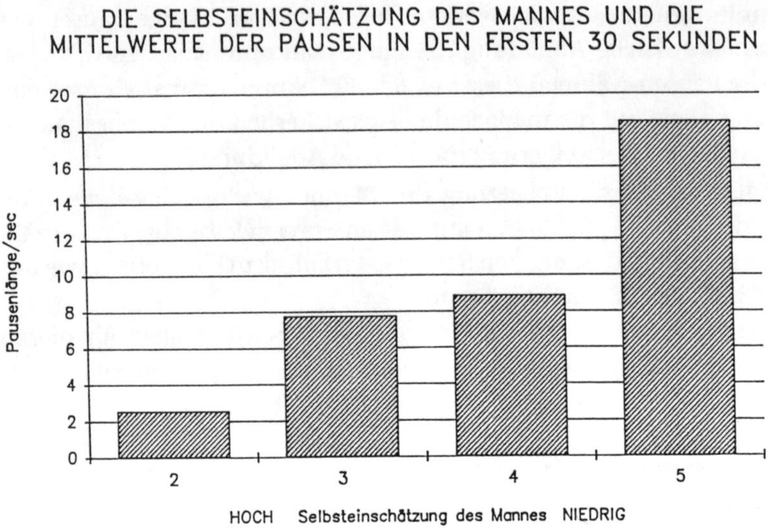

Abb. 27: Lange Pausen haben eine geringe männliche Selbsteinschätzung als Hauptursache.

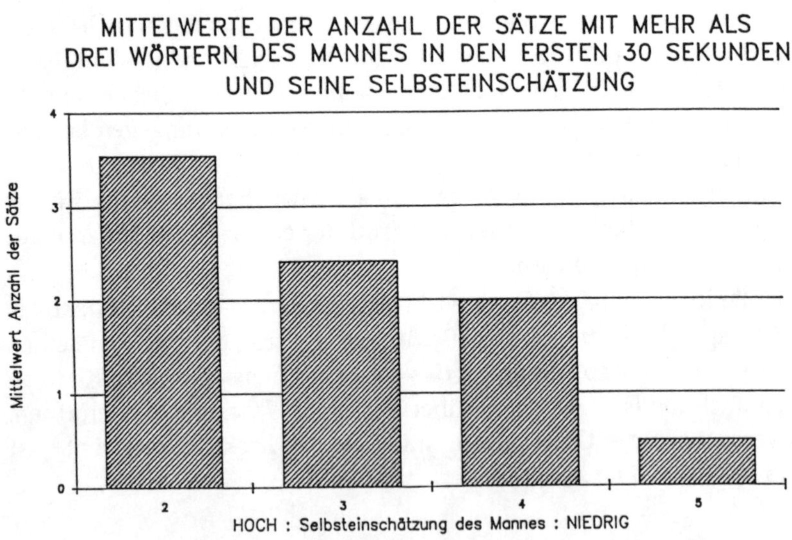

Abb. 28: Die geringe Selbsteinschätzung des Mannes drückt sich u. a. in seiner Sprechweise aus: Er produziert weniger ganze, vollständige Sätze.

Ich wollte im vorangegangenen Teil verdeutlichen, wie sich die Faktoren „Unsicherheit, Attraktivität, Risiko und Interesse" bereits während der ersten 30 Sekunden im Verhalten ausdrücken können. Nun fanden jedoch andere Zusammenhänge, die unsere Statistik als relevant und aussagekräftig ausgewiesen hatte, in dieser Darstellung keinen Platz. Daher schlüssele ich im nun folgenden Abschnitt die Ergebnisse von den beobachteten Verhaltensaspekten (Blick und Sprache) her auf. Grundlage für die Reihenfolge der Besprechung bildet ein imaginärer Gesprächsverlauf, den ich chronologisch beschreiben möchte, angefangen mit dem ersten Blick, dem alsbald der Blickkontakt folgt. Meistens treffen Blickkontakt und Gesprächseröffnung zusammen. In diesem Gespräch lasse ich nun Pausen auftreten, die irgendwann auch einmal beendet werden müssen – folglich gehe ich im Anschluß an die Pausen auf die Gesprächswiederaufnahme ein. Ich benutze hierbei öfters eine Formulierung, die korrelative Zusammenhänge sprachlich am besten erfaßt: Je..., desto....

Der erste Blick

Je schneller es zum ersten Blick kommt, desto attraktiver findet die Frau den Mann und desto größer schätzt sie ihre Chancen ein, ins Kino begleitet zu werden.

Je länger es bis zum ersten Blick dauert, desto geringer ist die Bereitschaft der Frau, ihren Gesprächspartner zu begleiten, und desto unattraktiver findet sie ihn.

Interessanterweise sind beim Mann keine eindeutigen Zusammenhänge dieser Art zu finden. Für sein Blickverhalten während der ersten 30 Sekunden hat die Zeitspanne bis zum ersten Blick jedoch prognostischen Wert: Je länger diese ist, desto weniger wahrscheinlich wird der Mann die Frau in den folgenden 30 Sekunden ansehen.

- Treffen zwei Menschen zum ersten Mal aufeinander, und dauert es eine gewisse Zeit, bis einer den ersten Blick „wagt", dann liegen hier unserem Experiment zufolge zwei unterschiedliche Gründe vor: Das mangelnde Interesse der Frau und/oder die große Unsicherheit des Mannes.

Abb. 29: Bereits die Zeit, die bis zum „ersten Blick“ vergeht, kann aus verschiedenen Gründen unterschiedlich lang sein: Die Frau findet den Mann unattraktiv, oder der Mann „wagt“ aufgrund seiner Unsicherheit den ersten Blick nicht. (Foto: Christl Lautenbacher)

Wer wagt den ersten Blick?

Wie bereits an anderer Stelle erwähnt wurde, ist es meist die Frau, die ihr Gegenüber als erste kurz mustert.

Kommt der erste Blick jedoch (ausnahmsweise) vom Mann, dann vermutet die Frau bei ihm eine hohe Bereitschaft.

Bei den Paaren, bei denen beide den Mann als den Attraktiveren einschätzten, hatte die Frau ein verstärktes Interesse am Mann – wenn der erste Blick von ihm ausging (hochsignifikant). Bei dieser Konstellation dürfte die Angst der Frau, abgewiesen zu werden, wesentlich höher gewesen sein als die des Mannes. Schließlich schätzte sie seine Attraktivität höher ein als ihre eigene und reagierte folglich um so empfindlicher auf dessen Blickverhalten.

Insgesamt zeigt sich, daß die Frau, wenn sie den Mann unattraktiv findet, diesen von Anfang an wenig ansieht. Der erste Blick kommt somit von ihm. In Zahlen ausgedrückt: Fand die Frau ihn ausgesprochen unattraktiv, ging die Blickaufnahme während der ersten 30 Sekunden durchschnittlich 2.44 mal vom Mann aus, bei mittlerer Attraktivität nur noch 1.37 und bei hoher Attraktivitätsbeurteilung 1.78 mal.

- Es stellte sich somit heraus, daß Frauen sensibler auf Blicke reagieren als Männer. Dieses Phänomen wurde bereits von mehreren Autoren hervorgehoben und findet hier eine nochmalige Bestätigung. Beim Mann steht die Blickaufnahme durch die Frau in keiner Beziehung zu dessen Bereitschaft, sie in das Kino zu begleiten, mit seiner Angst, von ihr zurückgewiesen zu werden und mit seiner Attraktion der Frau gegenüber. Bei der Frau hingegen steht die Blickaufnahme durch den Mann in engem Zusammenhang sowohl mit ihrer Bereitschaft, ihn zu begleiten, als auch mit ihrer Risikowahrnehmung und Attraktivitätsbeurteilung.

Die Blickinitiative

> Wenn mein Blick euch etwas sagt,
> Tretet näher. Frisch gewagt!
> Nicht zu leerem Zeitvertreib
> Red ich so. Ich bin das Weib.
> (Jules Laforgue)

Der Blickaufnahme zu Beginn der Begegnung folgte nicht in allen Fällen der Blickkontakt. Da jedoch die meisten Paare einander zunächst kurz ansahen oder zumindest das Gespräch in Verbindung mit dem Blickkontakt begannen, sollen nun die Korrelationen bezüglich der Blickinitiative (wer initiierte den Blickkontakt?) aufgeführt werden.

Geht die Blickaufnahme von der Frau aus, so steht das im Zusammenhang mit ihrer geringen Selbsteinschätzung. Es scheint, als sei die Gesprächigkeit der Männer auf gewisse Aufforderungssignale von seiten der Frau angewiesen: Je häufiger die Frau nämlich den Blickkontakt initiiert, desto mehr spricht der Mann während der ersten 30 Sekunden (siehe Abbildung 30).

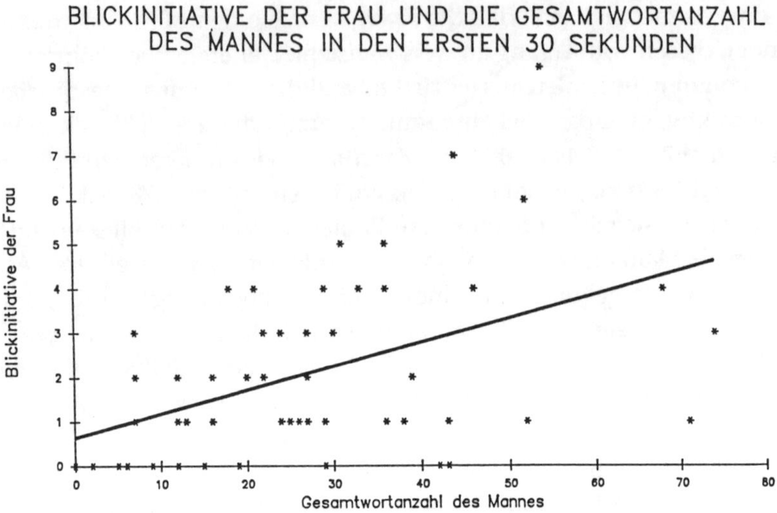

Abb. 30: Je häufiger der Mann von der Frau während der ersten 30 Sekunden angesehen wird, desto mehr spricht er und desto kürzer sind die Pausen.

Interessant ist jedoch, daß nur die Blickinitiative der Frau, nicht aber die des Mannes die Pausenlänge beeinflußt. Das läßt die Schlußfolgerung zu, daß der Beginn einer Begegnung von Mann und Frau stark von der Frau beeinflußt und gesteuert wird. Das deckt sich u. a. mit den Resultaten einer Studie von Debra Walsh, aus der hervorging, daß Männer bei einer Annäherung auf Signale seitens der Frau (insbesondere Blickkontakt) angewiesen sind.

Geht die Blickinitiative vom Mann aus, so ist die weibliche Bereitschaft, ihn ins Kino zu begleiten, um so größer. Ein anderer Zusammenhang zeigt, daß der Mann um so häufiger die Blickinitiative ergreifen „muß“, je unattraktiver er von ihr eingeschätzt wird, da sie dann dazu tendiert, den Blickkontakt mit ihm zu meiden. Häufige männliche Blickinitiative ist aber gleichzeitig ein Hinweis auf sein Gefallen an der Frau, jedoch „wagt“ er die Blicke nur bei entsprechend hoher Selbsteinschätzung.

- Im Gegensatz zum Mann beeinflußt die Frau den Ablauf der ersten 30 Sekunden durch ihre Blickinitiative positiv. Häufiges Initiieren des Blickkontaktes durch die Frau führt nämlich zur Verringerung der Pausenlänge. Insbesondere Frauen mit geringer Selbsteinschätzung neigen dazu, Blickkontakt zu suchen, oder umgekehrt: Muß sie den Blickkontakt häufig initiieren, so wirkt sich dies negativ auf ihre Selbsteinschätzung aus. Frauen mit hoher Selbsteinschätzung überlassen dem Mann die (Blick-)Initiative, insbesondere dann, wenn sie ihn als unattraktiv empfinden. Der Mann initiiert den Blickkontakt nur in Abhängigkeit von der weiblichen Attraktivität und seiner hohen Selbsteinschätzung. Mit anderen Worten: Ist sie ausreichend attraktiv und bringt er genügend Mut auf, so sucht er auch ihren Blick. Die Frau reagiert sensibel auf seine Blickinitiative: Ihre Bereitschaft ist um so größer.

Der Blickkontakt

Die Länge des Blickkontaktes während der ersten 30 Sekunden ist im wesentlichen von der Selbsteinschätzung des Mannes abhängig. Ist diese gering, kommt nur kurzer und seltener Blickkontakt zustande. Die Frau wiederum reagiert auf mangelnden Blickkontakt: Ihre Bereitschaft, den Mann zu begleiten ist gering. Die Länge des Blickkontakts hat im Gegensatz zur Blickaufnahme und zur Blickinitiative weniger signifikante Korrelationen aufzuweisen und scheint demnach von geringerer Bedeutung zu sein; wichtiger ist es offenbar zu wissen, von wem der Blickkontakt initiiert wurde.

Die Gesprächseröffnung

> Mit abgewandtem Antlitz ruhn die beiden
> Ganz stumm und regungslos und totenstill
> Zum ersten Wort will keines sich entscheiden,
> Obwohl das Herz nur lieb und Frieden will.
>
> Allmählich wenden sich die Augen sachte,
> Zusammentrifft ihr Blick mit seinem Blick:
> Da brach der Groll, sie lachten, froh erwachte
> Jetzt der Umarmung süß erneutes Glück.
> (Hermann Weller)

In der Diskussion des imaginären Gesprächsablaufs war ich vom ersten Blick ausgegangen. Da dieser häufig zum ersten Blickkontakt führte, ging ich der Frage nach, inwieweit man über den Initiator des Blickkontakts Aussagen machen kann. Wenn sich nun die Paare ansahen, dann geschah dies meistens in der Kombination mit einem Lächeln, einem Lachen oder der Gesprächseröffnung. Bevor ich auf das Lächeln zu sprechen komme, möchte ich zunächst auf das „erste Wort", also auf die Gesprächseröffnung eingehen.

Die Männer eröffnen das Gespräch, wenn sie das Gefühl haben, die Frau würde sie ins Kino begleiten.

Unsere Versuchspaare wurden für die Auswertung in drei Gruppen mit hoher, mittlerer und niedriger Risikowahrnehmung (geht der andere mit ins Kino?) eingeteilt. Bei den Paaren mit niedriger Risikowahrnehmung auf seiten der Männer begannen diese das Gespräch öfter als die Frauen. Bei mittlerer Risikowahrnehmung hingegen lag es eher an der Frau, und bei hoher Risikowahrnehmung eröffnete in unserem Experiment gar nur noch ein einziger Mann das Gespräch.

Die Frauen eröffnen das Gespräch, wenn ihre Bereitschaft größer als die des Mannes ist. Frauen scheinen ihr Interesse also von Anfang an auf nichtsprachlicher (durch häufiges Initiieren des Blickkontaktes) und auf sprachlicher Ebene (Gesprächseröffnung) zu bekunden.

War bei unseren Schülern die Bereitschaft bei beiden gleich groß, so gab es bei der Verteilung der Gesprächseröffnungen einen geringeren Unterschied. Ein Gleichgewicht des Interesses (der Bereitschaft) scheint sich den Ergebnissen zufolge auch auf die Gesprächseröffnung auszuwirken.

Die Art der Gesprächseröffnung

Wodurch zeichnen sich die Gesprächseröffnungen aus? Lassen sich überhaupt allgemeine Aussagen treffen? Nach Eibl-Eibesfeldt (1984) stehen dem Menschen mehrere Strategien der Annäherung an den anderen zur Verfügung. Eine der wirkungsvollsten stellt die Bemühung um ein gemeinsames Bezugssystem dar. Gemeinsamkeiten lassen sich herstellen, indem man beispielsweise die momentane Situation anspricht, in der man sich mit dem anderen befindet. Dieses gemeinsame Bezugssystem wird nun auf verschiedene Weise errichtet: Entweder spricht man den anderen direkt an und fordert ihn mittels einer Frage zu einem Gespräch auf oder man kommentiert ganz einfach die Situation, wobei sich der andere nicht unbedingt angesprochen fühlen muß. Eine weitere Strategie ist die der positiven Selbstdarstellung; das heißt, man versucht sich auf irgendeine Weise als kompetent darzustellen, man möchte zeigen, daß man „über der Sache steht".

Bei unseren Gesprächseröffnungen wurde die Selbstdarstellung zum einen durch eine kritische oder geringschätzige Beurteilung der momentanen Situation ausgedrückt, zum anderen durch Aussagen über sich selbst.

Die Selbstdarstellung der Männer bei der Gesprächseröffnung war bei unserem Versuch vollkommen anders geartet als die der Frauen. Als das „starke Geschlecht" neigten sie eher dazu, die unvorhergesehene Situation kritisch zu beurteilen oder gar abzuwerten. Viele Männer gaben sich von Anfang an betont lässig und gelangweilt, ja beinahe schon „genervt". Sie „standen über" der Tatsache, daß sie sich nun allein mit einer unbekannten Frau in einer ungewohnten Umgebung befanden:

„woa, des ist ein alter Videorekorder"
„Kamerachen... ein Freund von mir, aus meiner Klasse, der hat gesagt, wir werden jetzt hier eingesperrt, und dann sagen sie uns, wir haben keinen Videofilm.."
„Mann, weißt du, was ich dir jetzt sag? Da kommt jetzt kein Videofilm, aber..–"
„da wird man glaub ich auch gefilmt – und was kommt jetzt?"
„ah, Gott he, irgendwie ist mir das nicht ganz geheuer"
„ist das ein Blödsinn"
„ich glaub zwar nicht, daß wir hier einen Videofilm sehen, aber..."
„was ist denn das für ein Videorekorder?"

Anders bei den Frauen: Diese neigten eher dazu, über sich selber zu sprechen, und wenn sie die momentane Situation ansprachen, so taten sie dies bis auf ein paar Ausnahmen weniger wertend:

„ich bin überhaupt kein Biologe, nix Leistungskurs und garnix"
„dann eß ich mein Hanuta"
„ach Griechenland, da werd ich ja wahnsinnig, Hilfe"
„dasselbe haben wir bei uns auch hängen"
„das Plakat ist auch in der Schule"
„Scheiße, mich erwischts ja auch jedesmal"

Ausnahmen blieben folgende kritische Bemerkungen:

„oh, ist das blöd"
„das war vielleicht schon der Witz"

Die Strategie des ‚Common Ground', also der Herstellung eines gemeinsamen Bezugssystems, läßt sich nochmals unterteilen in: 1. Common Ground mit direkter Gesprächsaufforderung (Fragestellungen) und 2. ‚Common Ground' ohne direkte Gesprächsaufforderung, etwa bei einer Feststellung oder einem Kommentar.

Beispiele für die Fragen wären folgende:

„in was für ne Klasse bist'n du?"
„was ist'n das da?"
„seid ihr nur K12 oder auch K13?"
„wo kommt's ihr eigentlich her?"
„müssen wir was arbeiten hier?"
„warst du da noch da, wo der das erzählt hat mit diesem....?"
„was mach mer jetzt?"
„ihr seid auch dreizehnte, oder?"

Gesprächseröffnungen ohne direkte Fragstellung, also Statements, klangen so:

„bin ja gespannt, was des für'n Film is"
„is heiß"
„des wird ja lustig na, des is ja"

Männer eröffnen das Gespräch lieber in Form einer direkten Aufforderung, Frauen hingegen bevorzugen die indirekte Gesprächseröffnung.

Wie sah bei unserem Experiment die Gesprächseröffnung aus, wenn die Schüler hohes Interesse aneinander hatten? Zunächst seien einige Gesprächeröffnungen von Frauen, die im Fragebogen sehr hohe Bereitschaft angaben, aufgeführt:

„Habt ihr echt eine Stunde gewartet?"
„Wieso haben wir eigentlich nicht alle zusammen den Film angeguckt?"
„Von welcher Schule kommst du, woher kommts ihr?"
„Bist du in der dreizehnten?"
„Bin ja gespannt, seids ihr eigentlich auch von der Schule da?"
„Wie wollen wir da reinschauen, wenn wir gar nichts hören?"

Das Herstellen des gemeinsamen Bezugssystems mit direkter Gesprächsaufforderung (mittels Fragen) zeigte zumindest bei unserem Experiment, daß die Frau Interesse am Mann hatte und mit ihm ins Gespräch kommen wollte. Die Fragen persönlicher Art, Fragen nach der Schule, stellte die Frau (bis auf zwei Ausnahmen) ausschließlich dann, wenn ihre Bereitschaft äußerst groß war.

Die Gesprächseröffnungen der Männer mit hoher Bereitschaft sahen folgendermaßen aus:

„Und was kommt jetzt?"
„Oh Mann, oh Mann, seid ihr nur K 12 oder auch K 13?"
„Ich hoff, du kannst dir viel Sachen merken"
„Müssen wir was arbeiten hier?"
„Warst du da noch da, wo der das erzählt hat mit diesem...?"

„Seid ihr auch dreizehnte, oder?"
„Seid ihr auch zwölfte?"
„Wie heißt du eigentlich.?"

Man kann unseren Ergebnissen zufolge davon ausgehen, daß die Gesprächseröffnung in Form einer Frage sowohl bei den Frauen als auch bei den Männern Interesse am anderen signalisiert.

- Als Resümee läßt sich festhalten: Bei hoher Risikowahrnehmung überlassen es die Männer den Frauen, das Gespräch zu beginnen. Die Risikowahrnehmung der Frau wirkt sich nicht auf deren Gesprächseröffnung aus. Ihre Gesprächseröffnung ist lediglich von ihrer Bereitschaft abhängig. Betrachtet man die Art der Gesprächseröffnungen, so kristallisieren sich bestimmte Strategien aus: 1. die Annäherung durch das gemeinsame Bezugssystem sowie 2. die Annäherung durch die Selbstdarstellung. Des weiteren wurde gezeigt, daß Frauen im Gegensatz zu Männern, die indirekte Vorgehensweise bevorzugen. Starkes Interesse am Gesprächspartner kann bereits in der Art der Gesprächseröffnung zum Ausdruck kommen. Hierbei wird das Gespräch meist mit einer Frage begonnen.

Lächeln und Lachen

Der erste Blick, der Blickkontakt, die Gesprächseröffnung fielen oft mit einem Lächeln oder Lachen zusammen.

Es ist hier von Interesse, inwiefern das Lächeln bzw. das Lachen zu Beginn einer Begegnung als ein freundlich gestimmtes Signal zu interpretieren ist, das darauf hinweist, daß sich die Gesprächspartner (von Anfang an) sympathisch finden.

Bei der Auswertung wurde berücksichtigt, ob einer der beiden Schüler während der ersten 30 Sekunden lachte oder lächelte; insgesamt wurden hier 86 Paare ausgewertet. Bei 34 von diesen entstand während der ersten beiden Minuten eine Pausenlänge von mehr als 30 Sekunden, weshalb ich diese Paare als kommunikationsunwillig oder -unfähig einstufte. Die anderen 52 Paaren zeigten sich kommunikationsfähig bzw. -willig. Alles in allem wurde 57 mal gelächelt. Es zeigte sich jedoch, daß bei den Paaren, die ich als kommunikationswillig bezeichnete, wesentlich öfters ein Lächeln gleich zu Beginn der Begegnung zu beobachten war, nämlich 43 mal, bei den anderen Paaren dagegen nur 14 mal.

- Das Lächeln beziehungsweise Lachen ist somit meist ein eindeutiger Hinweis dafür, daß die Partner an einem gegenseitigen Kennenlernen interessiert sind. Dieses Interesse zeigt sich bereits während der ersten 30 Sekunden. Die Redewendung von der „Liebe auf den ersten Blick" wird somit abermals bestätigt.

Wer bricht den Blickkontakt ab?

Wir waren beim Blickkontakt stehengeblieben und hatten das Gespräch „mit einem Lächeln" beginnen lassen. Daß eine Interaktion aus einem ständig wechselnden Nebeneinander von sprachlichen und nichtsprachlichen Signalen besteht, ist offensichtlich. Das Blickverhalten ist im Normalfall durch einen fast regelmäßigen Ablauf geprägt: Auf Blickinitiative folgt Blickkontakt, der nach kurzer Zeit (bei unserem Versuch spätestens nach drei Sekunden, meist aber nach einer Sekunde) jedoch wieder abgebrochen wird, um dann wieder aufgenommen zu werden.

Im folgenden soll untersucht werden, unter welchen Bedingungen der Blickkontakt abgebrochen wird. Von welch großer Bedeutung der Blickkontakt für die Kommunikation ist, wurde bereits diskutiert. Den Abbruch des Blickkontakts kann man als einen „Kommunikationsabbruch" auf nichtsprachlicher Ebene bezeichnen.

Welche Folgen kann dieser Abbruch nun haben? Bei insgesamt 36 Paaren ging ich vom Beginn der Pausen – es handelte sich hierbei um die Pausen während der ersten beiden Minuten – zurück zu dem Zeitpunkt des letzten Blickkontakts zwischen beiden Gesprächsteilnehmern und berücksichtigte, von wem der Abbruch initiiert worden war. Ferner prüfte ich die Wechselwirkung von Blickkontaktabbruch und Wiederaufnahme des Gesprächs, indem ich notierte, wer das Gespräch nach der Pause begann. Es ergab sich, daß der Abbruch des Blickkontakts und die Gesprächsweiterführung von der Kommunikationswilligkeit bzw. -fähigkeit der Paare abhängt. Der Blickkontaktabbruch wird offensichtlich sehr sensibel wahrgenommen.

Hatte beispielsweise das Mädchen den Blickkontakt abgebrochen und entstand dadurch eine Pause, so wartete bei den kommunikationsunwilligen/-unfähigen Paaren der Junge solange, bis das Mädchen den Kontakt (auf sprachlicher Ebene) wieder aufgenommen hatte. Bei den kommunikationsfähigen/-willigen Paaren hingegen begann der Junge das Gespräch nach den Pausen, obwohl der Abbruch auf nichtsprachlicher Ebene von dem Mädchen ausgegangen war.

Offensichtlich reagieren die Gesprächspartner bei kommunikationsunwilligen oder -unfähigen Paaren wesentlich sensibler auf nichtsprachliche Zeichen, in diesem Fall auf den Abbruch des Blickkontakts, als die kommunikationswilligen und -fähigen. Vorsichtig interpretiert, ließe sich aus diesem Ergebnis schlußfolgern, daß eine verstärkte Risikowahrnehmung und eine dadurch möglicherweise entstandene Unsicherheit bei den minder kommunikationsfähigen Paaren zu einer Dominanz der nichtsprachlichen Kommunikationsebene (welche bekanntlich aufgrund der geringeren Kontrolle durch das Bewußtsein einen verläßlichen Aussagewert hat) gegenüber der sprachlichen führt.

Welche anderen Hinweise vermag der Blickkontaktabbruch noch zu geben?

Findet der Mann die Frau attraktiv, so äußert sich dies in seinem Blickverhalten. Er initiiert nicht nur den Blickkontakt häufiger, sondern hält ihn dann auch länger als die Frau. Man sollte diesen Zusammenhang jedoch auch unter dem Aspekt des unterschiedlichen Blickverhaltens von Sprecher und Zuhörer betrachten. Das Blickverhalten des Sprechers ist durch einen ständigen Wechsel von Ansehen und Wegsehen gekennzeichnet. Spricht eine Frau beispielsweise mehr, so wendet sie dementsprechend öfter den Blick ab als der zuhörende Mann. Nun ist die Frau bei großer Gesprächigkeit für den Mann attraktiver ... – und so schließt sich der Kreis wieder.

Je seltener die Frau den Blickkontakt abbricht, desto größer ist die Bereitschaft des Mannes.

„ja, des is halt Verhalten halt eins, zwei im Grunde genommen, immer, pfff, ich mein,...“

Als ich begann, die sprachlichen Äußerungen der Schüler wortwörtlich vom Tonband auf Papier zu übertragen, traute ich oft meinen Ohren nicht. Abgesehen von der Tatsache, daß sich die geschriebene Sprache hinsichtlich ihrer Form und Korrektheit im allgemeinen deutlich von der gesprochenen absetzt, ist es dennoch unglaublich, daß manche der geäußerten Sätze tatsächlich der „Informationsübertragung“ dienen sollen. Erstaunlicherweise ist der Mensch indes meist in der Lage, selbst aus dem größten Kauderwelsch das Wesentlichste zu entschlüsseln.

Wie kommt es nun zu diesen absurd klingenden Wortgebilden? Es wurde bereits erwähnt, wie sehr sich die Faktoren Streß, Unsicherheit und Angst in hemmender Weise auf das Sprachverhalten auswirken können. Es genügt eine kritische Selbstbeobachtung, um schnell zu bemerken, daß man sich in Gegenwart vertrauter Menschen anders, besser auszudrücken vermag als beispielsweise bei der Rechtfertigung eines begangenen Fehlers vor seinem Chef.

Wirkt sich Unsicherheit nun auch bereits während der ersten 30 Sekunden einer Begegnung im Sprachverhalten aus, und ist diese abhängig von der Selbsteinschätzung und dem Interesse am anderen? Die folgenden Ergebnisse unseres Versuchs sprechen dafür. Vorweg möchte ich jedoch noch kurz auf die Gesprächsthemen eingehen und den charakteristischen Sprachstil unserer Schüler an einigen Beispielen demonstrieren.

Das Hauptanliegen der Gesprächspartner bestand erwartungsgemäß darin, Gemeinsamkeiten zu finden. Dabei stellte sich heraus, daß meist über die Schule und über die gemeinsame Situation (Seewiesen, die Einrichtung des Zimmers u.ä.) gesprochen wurde. Bildete die „momentane Situation“ das Gesprächsthema, so war zu beobachten, daß die Männer nicht nur bei der Gesprächseröffnung vorgaben ‚Herr der Lage‘ zu sein. Einige vermuteten eine versteckte Kamera oder Mikrophone und suchten den Versuchsraum danach ab:

M: „Kamerachen (lacht) ahja, da oben, schau, des is auch..(lacht) ...Licht, was is' des, da, der Faden, hey, weißt, wie des ausschaut, echt (lacht), oder da hinten, siehst den Spiegel?..Ich glaub, da is auch 'ne Kamera drin, siehst die?“

F: „natürlich“

M: „ich hab's mir gedacht, durch den Spiegel, ja, so ganz blöd sind wir ja auch net!"
M: „des sieht hier irgendwie ziemlich provisorisch aus hier."
F: „da ist bestimmt irgendwas faul"
M: „ein Freund von mir aus meiner Klasse, der hat gesagt, wir werden jetzt hier eingesperrt, und dann sagen sie uns, wir haben keinen Videofilm, den finden die nicht, jetzt werden sie rauskriegen, was wir hier sagen, es kann sein, ich weiß es nicht genau, aber .."
M: „Mann, weißt du, was ich dir sag (lacht) da kommt jetzt kein Videofilm... ich hab's von einem Freund g'hört, der auch dabei ist, der hat gesagt, sie zeigen dir 'nen Film, und dann zeigen sie dir keinen Film, sagen, die finden den Film nicht, oder irgendwas Telephon, und dann wird dein Verhalten gefilmt und getont, und dann wird's auch noch gezeigt."
M: „ich glaub zwar nicht, daß wir hier 'nen Film sehen, aber..."
M: „vielleicht g'hört des schon dazu, jetzt echt, wolln's wissen, was wir jetzt hier machen, oder?...vielleicht hörn's uns jetzt ab."
F: „was für merkwürdige Dreiecke da drüben?"
M: „da werden wir gefilmt, weißt?"
F: „ach so, der große Bruder watched überall?"
M: „jaja genau."
F: „Griechenland.... (sie spricht über die Posters)"
M: „des soll uns alles uns verunsichern (lacht) des soll uns alles verunsichern."
F: „ich möcht wissen, für was wir hier die Fragebögen überhaupt machen?"
M: „ich möcht ganz was anders wissen (steht auf und untersucht die vermeintlichen Lautsprecher) was is'n das da ...jetzt wart, a, a, a, aha, des kommt mir irgendwie so vor, wie, dahinten is, mhm, Mikro."

Hier wird deutlich, und dies soll auch nicht verschwiegen werden, daß einige Schüler durchaus die Hintergründe unseres Versuchs ahnten oder sogar von anderen Versuchspersonen wußten, daß sie gefilmt wurden. In fast allen Fällen schienen sie jedoch die Kamera nach kurzer Zeit vergessen zu haben, so daß ihr Wissen letzten Endes wenig Einfluß auf ihr Verhalten hatte. Die Paare, bei denen diese Kenntnis die Begegnung offensichtlich behinderte und störte (durch ständiges Hinsehen zur Kamera oder Kontrollieren der Mikrophone und des Einwegspiegels) fielen aus der Auswertung heraus.

Nun haben Menschen natürlich unterschiedliche rhetorische Fähigkeiten. Den einen fällt es allgemein leicht, sich gut auszudrücken, wohlgeformte Sätze zu bilden und ihre Gedanken ohne häufige Selbstkorrekturen zu vermitteln, gleichgültig, in welcher Situation sie sich befinden. Andere hingegen haben in dieser Hinsicht größere Schwierigkeiten. Der Redefluß ist stark gestört, die Sätze sind unvollständig, grammatikalisch nicht korrekt und kurz. Insbesondere dann, wenn am Gesprächspartner großes Interesse besteht und man das Gespräch mit enstprechend großem Engagement führen will, kann es zu Äußerungen kommen, deren Sinn kaum mehr verständlich ist:

F: „Ne Bilanzgleichung kenn ich nicht, was is'n des?"

M: „ja, diese, sch, a Energiebilanzen und des Zeug."

M: „ja, aber, ich wundere mich übers, also der Herr Fischbach, der hat also unser, naja also, ganz kurz angetippt.."

F: „ja, und dann bist du also durchgefallen?" (welch unangenehme Frage, kein Wunder, daß der Gefragte anfängt zu stottern)

M: „ja, und jetzt ist es hart, jetzt haben wir nur noch Bio, ja, nei, ich hab, ich bin zurückgegangen, ich wollt noch ein bißchen besser werden!"

F: „...na, ich mein, ich machs, so is aber, ne, aber's, ich mags halt nicht, ich bring immer alle Leute so zum Lachen, ich versteh des nicht, warum, des is, weißt du, des is immer so chaotisch, ich weiß auch nicht."

M: „ja, des is halt Verhalten hat eins, zwei im Grunde genommen, immer, pfff, ich mein, im dritten mal schaust, im dritten Programm, da gibt's laufend so Filme, da haben sie schon mal so'n Film gezeigt." (Mann mit extrem hoher Bereitschaft)

F: „also, wenn ich nachher was vorstellen muß, dann streik ich sowieso, des mach ich sowieso nicht, na , ich mein, ich mach's, so is aber, ne, aber's ich mags halt nicht...",„das ist so ein Sumpfding, wenn man da ein bißchen zwei Meter runtertaucht, dann ist man schon da alles so Morast da.."

Beim folgenden Beispiel handelt es sich um eine sehr engagierte Frau mit einem für sie äußerst attraktiven Partner. Der Gesprächsverlauf wurde weitgehend von ihr bestimmt. Sie war diejenige mit der größten Wortanzahl im Vergleich mit allen anderen Schülern. Bei dieser Begegnung entstand keine einzige Sekunde eine Pause. Hier ein Ausschnitt aus ihrem Wortschwall:

„...ja, und dann habn uns Bauarbeiter geholfen anschieben, der Wagen ist nicht angesprungen, nicht im Moment, haben wir dann mit Starthilfe und Startkabel habt und habn nen Lastwagen g'holt und dann ist der Wagen angesprungen. Haben wir schon reichlich Erlebnis erste Stunde, warn in der Schule, hätt'n wir gehn sollen, warn wir nicht, die bei mir gepennt extra, daß wir den Wagen irgendwie ankriegen, daß wir mehr Zeit haben, das is ein Sommerauto, das kannst im Winter nicht hernehmen, der wird jetzt dann brauch bald abgemeldet..."

Weitere Beispiele:

F: „der darf nicht ausgehen (der Wagen), sonst kriegen wir den nicht mehr an, infolgedessen muß er also, ah, noch was funktioniert nicht, doch bremsen kann er – aber.."

F: „ich fand nur dieses mit diesem Kampf, da Dingernd da, des fand ich a bisserl lang, weil diese hierarchisch, also, ich weiß nicht."

M: „ich weiß gar nicht, was er, was er damit wollte eigentlich, auf was er da hinauswollte, was des sollte, irgendwelches Verhalten also, des is komisch."

F: „aber vielleicht ist des so ein Videoclip, wo die Meinung net so stark auseinandergehn, mei, daß da irgend 'ne Videoszene, oder was weiß ich, des sieht dann, ist des eindeutig."

Der Mann, der im folgenden Dialogausschnitt zu Wort kommt, war im Gegensatz zu seiner Gesprächspartnerin überhaupt nicht sicher, ob er ins Kino begleitet würde. Hier kommt die unterschiedliche Risikowahrnehmung besonders gut zum Ausdruck. Die Frau verhält sich selbstsicher, der Mann hingegen nicht.

M: „ich fand aber auch, ich weiß nicht, was er vorher erzählt hat, wenn ich, wenn ich, ähm, das war'n, aber du merkst immer, weißt so, ich mein, ihr macht's des wahrscheinlich auch so in der Schule...und so,a, und die mus, und der Muskel und so weiter."

F: „die sind ja irgendwie untereinander unheimlich lieb gell, so alle untereinander so"

M: „s'wirklich also, es entspricht der Vorstellung, die man hat, wenn man, wenn man, dann in ein Institut von Kon, Konrad Lorenz denkt, kom so, so war des bei mir, weil irgendwie wenn man Bücher von ihm liest."

F: „ich hab mir des alles viel ernster vorgestellt..."

M: „ne, hab ich mir nicht vorgestellt."

F: „doch"

M: „doch, hm (3 Sekunden Pause) ich hab des, wenn du, wenn die, wenn, hast du mal was gelesen von ihm?"

F: „ne hab ich noch nich."

M: „s'is"

F: „ich muß mal was von ihm lesen!"

M: „es is sowas von menschlich, m , und, und, und, und, und nett geschrieben."

Folgender Gesprächsausschnitt ist tatsächlich zu fast 13 % von dem Wörtchen „so" gekennzeichnet:

M: „und wir haben garnet g'wußt, von we von wegen jeder Versuch und *so*."

F: „ja, wir dachten *so* insgesamt, daß *so* alle irgends*o* gefragt werden oder *so*, und da hab ich mir schon vorgenommen, naja, drückst dich dann einigermaßen *so*."

M: „naja, sicher, jeder dann ja, und *so*, wir haben dann auch noch Witze gemacht, ja *so*, immer abzählen und jeder zweite wird zum Versuch herg'nommen und *so* na."

F: „na, ich dachte mehr *so* allgemein nicht, daß da *so* einzelne...."

M: „ja *so*, schreckliche Versuche, Foltermaßnahmen, ihr kommt schon auch noch dran alle."

F: „*so* reinkommen, Hilfe!"

Anhand einiger Beispiele möchte ich kurz beschreiben, nach welchen Kriterien wir die sprachliche Auswertung vorgenommen haben, damit dem Leser die Begriffe „Einwortäußerungen., Dreiwortäußerungen, ganze Sätze" etc. nicht allzu abstrakt erscheinen (ausführlicher siehe Anhang):

E: Einwortäußerung

Z: Zweiwortäußerung

D: Dreiwortäußerung

S: Ganze Sätze (Äußerungen mit mehr als drei Wörtern)

E D
ah, ist ziemlich neues
E D Z
ne, net dreizehn Jahre, dreizehn Schuljahre
E E
ohh (Lachen) schön
Z D
ja mei, s' geht scho
S E E D
bei uns a net, as (kurze Pause – Zögern) doch, es geht schon
Z Z Z
die mußt du ausziehen, und dann, na ja
S D S
ich frier schon wieder, is ja Wahnsinn, mich friert's immer
E D
ja, glaub ich auch

Mit dieser Art der Unterteilung soll verdeutlicht werden, daß sich emotionales Engagement und Unsicherheit bei der Interaktion sprachlich äußern. Vermutlich wären kürzere Sätze Ausdruck von geringer Selbsteinschätzung. Längere Sätze (in diesem Fall Sätze mit mehr als drei Wörtern) wären folglich kennzeichnend für eine entsprechend höhere Selbsteinschätzung.

Um eine Übersicht über die Vielfalt der Ergebnisse zu gewährleisten, werde ich die Resultate systematisch geordnet nach Ein-und Zweiwortäußerungen, Dreiwortäußerungen und ganzen Sätzen aufführen.

Bevor ich jedoch zu den Ergebnissen komme, soll noch kurz auf ein interessantes Phänomen aufmerksam gemacht werden. Die Gesprächspartner schienen sich bei unserem Experiment in ihrem Sprachverhalten einander anzugleichen: Sprach die Frau in vielen Einwort- und Zweiwortäußerungen, so traten auch beim Mann viele Äußerungen dieser beiden Kategorien auf. Viele Dreiwortsätze der Frau hatten viele Dreiwortsätze des Mannes zur Folge und umgekehrt. Diese Korrelationen sind überdies hochsignifikant.

„Hey, is irre, Wahnsinn, ahh" – Die Bedeutung der Ein- und Zweiwortäußerungen

Hier sei ein kurzer Ausschnitt aus dem Gespräch eines Paares wiedergeben, bei dem starkes Interesse aneinander bestand. Bei diesem Dialog fällt die häufige Verwendung von Ein- und Zweiwortäußerungen (kursiv) besonders auf:

M: „*Kamerachen*"
F: (lacht)
M: „*ah ja, da oben, schau*, is auch ein Kasten!"
F: „*ah*, geht auf die Klappe" (lacht)
M: (lacht) „*ah, Licht*, was is'n des da der Faden, *hey*, weißt du, wie des ausschaut, *echt* (lacht)"
F: „*ah ja*"

Die Ein- und Zweiwortäußerungen bestehen weitgehend aus Partikeln, die in erster Linie Zustimmung und Interesse bekunden und auf ein besonderes Engagement der Gesprächsteilnehmer hinweisen.

Vernimmt ein Mann im Gespräch mit einer Frau während der ersten 30 Sekunden öfters ein „hey, ah ja, is toll, ohh, irre, echt.....", so kann er unseren Ergebnissen zufolge davon ausgehen, daß die Chance, von ihr ins Kino begleitet zu werden, relativ groß ist. Des weiteren darf er davon ausgehen, daß sie ihn attraktiv findet. Ob das sprachliche Engagement der Frau nun eine Folge der Gesprächigkeit des Mannes ist oder die Gesprächigkeit des Mannes auf das Engagement der Frau zurückzuführen ist, bleibt wohl unklar. Fest steht jedoch, daß zwischen diesen beiden Faktoren ein sehr enger Zusammenhang besteht.

Auch die männliche Bereitschaft, die Partnerin ins Kino zu begleiten, steht in positiver Beziehung zur Häufigkeit der weiblichen „hey's" . Bei unserem Schülerexperiment war es kein gutes Zeichen für die Frau, wenn ihr Partner selten Einwortäußerungen von sich gab. Je weniger Einwortäußerungen der Mann nämlich machte, desto geringer war sein Interesse an ihr. Übrigens ließen wenige männliche „hey's (oder ahh's)" die Frau sein Desinteresse an ihr bereits vermuten.

„Ist ja Wahnsinn" – Zu den Dreiwortäußerungen

Die Dreiwortäußerungen waren bei unserem Experiment wegen ihres fehlenden Subjekts oder Prädikats meist unvollständige Sätze. Die beiden Faktoren „Unsicherheit" und „Risikowahrnehmung", also die Angst, vom anderen zurückgewiesen zu werden, müßten bei dieser Kategorie besonders zum Tragen kommen, da sich, wie in der Literatur allgemein beschrieben, unvollständige Sätze meist auf Unsicherheit zurückführen lassen.

Viele Dreiwortäußerungen während der ersten 30 Sekunden sind zumindest bei der Frau tatsächlich ein Hinweis auf deren Unsicherheit. Diese Unsicherheit tritt im übrigen dann besonders häufig auf, wenn die Frau ihren Partner attraktiv findet und zudem befürchtet, von ihm abgewiesen zu werden. Auch wenn der Mann seine Gesprächspartnerin als nicht besonders attraktiv einschätzt, führt dies bei ihr zu einem vermehrten Auftreten knapper und oftmals auch unvollständiger Sätze.

Die Sätze werden länger, je weniger attraktiv der Partner erscheint

Schließlich bleibt zu klären, unter welchen Bedingungen unsere Versuchsteilnehmer eher längere, vollständige Sätze bildeten. Ein- und Zweiwortäußerungen deuteten auf Engagement hin, Dreiwortäußerungen ließen dagegen Unsicherheit erkennen. Die hohe Wortanzahl der ganzen Sätze steht, das zeigen unsere Ergebnisse besonders deutlich, in einer engen Beziehung mit dem Grad der Attraktion, die der Mann auf die Frau ausübt. Je attraktiver sie ihn einschätzt, desto weniger vollständige Sätze äußert sie.

Wie wir bereits wissen, kann ein attraktiver Gesprächspartner eine erhöhte Angst, von ihm abgewiesen zu werden, hervorrufen. In diesem Fall sind die Äußerungen kürzer. Konsequenterweise müßten die Sätze bei geringerem Risiko (wenn der Partner als nicht besonders attraktiv empfunden wird) länger sein. Das soeben angeführte Ergebnis bestätigt diese Vermutung.

Die Bereitschaft des Mannes, mit seiner Gesprächspartnerin ins Kino zu gehen, ist während der ersten 30 Sekunden an der Länge seiner ganzen Sätze zu erkennen. Je kürzer diese sind, desto eher würde er sie begleiten. Dieser Zusammenhang ist wie bei der Frau statistisch hochsignifikant. Eine geringe Anzahl ganzer Sätze weist beim Mann darüber hinaus auf seine niedrige Selbsteinschätzung hin.

Je mehr die Frau während der ersten 30 Sekunden spricht, desto attraktiver findet sie ihren Partner. Dieses Resultat ist sogar hochsignifikant. Es fällt indes auf, daß ihre Bereitschaft, ihn ins Kino zu begleiten, im

Gegensatz zu ihrer Attraktivitätsbeurteilung keine Auswirkung auf die von ihr geäußerte Gesamtwortzahl hat.

„Weiblicher Wortschwall" in Situationen der Begeisterung scheint den Mann manchmal richtiggehend zu überrollen. Eindrucksvollstes Beispiel hierfür waren die ersten 20 Sekunden der Begegnung des folgenden Paares. Kaum war die Tür zum Versuchsraum geschlossen, die beiden „Opfer" allein im Raum:

Sie: „Dann eß ich jetzt mei Hanuta"
Er: „Tu des"
Sie: „na, ich habe doch eigentlich gar kei Lust auf des Hanuta, Lebkuchen hätt ich woll'n"
(An dieser Stelle tritt die einzige Pause auf, die zwei Sekunden dauert)
Sie:„Die Silvia hat bloß grad g'meint, wie sie kommen is, der Versuch is total gut"
Er: „ja?" (lacht)
Sie: „Mei, mit der bin ich heut herg'fahrn, in der Früh, des Auto ist nicht angesprungen, die hat einen Triumpf, hast vielleicht auf dem Parkplatz stehn sehn (hier merkt er kurz an: „ahja, der is super" sie läßt sich jedoch nicht stoppen) von wegen super, und dann nnnnnnnn (macht das Geräusch eines Autos nach, das nicht anspringen will) Batterie leer"
(Hier kommt schließlich der Mann kurz zu Wort – aber nur ganz kurz! –:)
Er: „und den, mit dem wir gekommen sind, das ist auch so 'ne Schrottkarre, die haben wir dann anschieben müssen und es war so furchtbar..."
(An dieser Stelle wird er unterbrochen.)
Sie: „ja, und dann haben uns Bauarbeiter geholfen anschieben, der Wagen ist nicht angesprungen, nicht im Moment, haben wir dann mit Starthilfe und Startkabel g'habt und haben dann 'nen Lastwagen geholt, und dann ist der Wagen angesprungen, haben wir schon reichlich Erlebnis erste Stunde, war'n in der Schule, hätt'n wir gehn solln, war'n wir net, die bei mir gepennt extra, daß wir den Wagen irgendwie ankriegen, daß wir mehr Zeit haben, des is ein Sommerauto, das kannst im Winter nicht hernehmen, des wird jetzt dann brauch bald abgemeldet"
(Er stellt die kurze Zwischenfrage, ob das Auto im Winter kalt sei. Sie fährt daraufhin fort:)
Sie:„ach ja, die Füße sind recht warm, aber sonst, es hält sich, also, ich mein, er hat schon eine Heizung, die mußt auch immer laufen lassen, weil des so heiß wird, weil der 'nen Fehler im Kühlersystem hat, viel zu klein des Kühlersystem für den ganzen Wagen. Jetzt müßten wir eigentlich wieder Wasser nachschütten, der is beim Herfahrn schon wieder so heiß geworden............"

Ich verzichte hier auf die vollständige Wiedergabe dieses Dialogs, denn der Leser dürfte bereits eine Vorstellung davon haben, wie solch ein Wortschwall aussehen kann. Die betreffende Frau beurteilte ihren Gesprächspartner im Fragebogen übrigens als sehr attraktiv und zeigte höchstes Interesse, ihn ins Kino zu begleiten.

Männer sprechen nur dann viel, wenn sie ein ausreichend starkes Selbstbewußtsein aufbringen. Die Länge der Pausen während der ersten 30 Sekunden hängt im übrigen von ihrer Gesprächigkeit ab. Diese beiden Ergebnisse sind hochsignifikant, und die Korrelationen zeigen abermals, wie sehr der Mann sich bei geringer Selbsteinschätzung zurückzieht. Bereits auf der nichtsprachlichen Ebene, beim Blickverhalten, kam deutlich zum Vorschein, daß er große Schwierigkeiten hat, Kontakt mit seiner Gesprächspartnerin aufzunehmen, wenn er sich seiner „Sache" nicht sicher ist. Männer sind des weiteren in ihrer Mitteilsamkeit auf einen gewissen Anstoß seitens der Frauen angewiesen. Ihre Gesamtwortzahl hängt nämlich von der Anzahl der Fragen ab, die die Frauen ihnen stellen. Die Gesamtwortzahl *der Frau* hingegen wird nicht, wie wir schon gesehen haben, durch häufiges Fragen des Mannes bestimmt. Es sieht also ganz so aus, als würde der Verlauf des Gesprächs anfangs sehr von der Frau beeinflußt, zumal erschwerend hinzukommt, daß wortkarge Männer von ihren Gesprächspartnerinnen als weniger attraktiv eingestuft werden.

- Bereits während der ersten 30 Sekunden vermag die Sprechweise nicht nur Auskunft über die gegenseitige Einschätzung, sondern auch über den Unsicherheitsgrad zu geben. Viele Einwort- und Zweiwortäußerungen stehen sowohl beim Mann als auch bei der Frau in enger Beziehung zu deren hohen Interesse aneinander. Kurze und meist unvollständige Sätze weisen im Gegensatz zu langen gleich zu Beginn einer Begegnung auf die Unsicherheit der Gesprächspartner hin. Beim Mann fanden wir enge Korrelationen zwischen dessen Gesprächigkeit und seiner geringen Selbsteinschätzung. Frauen hingegen sprechen umso mehr, je mehr ihnen ihr Gesprächspartner gefällt.

„Bio-Leistungskurs?" „Ja, Du?" „Ich auch" – Zur Bedeutung der Fragen

Auf den vorangegangenen Seiten hatte ich den Beginn eines Gesprächsverlaufs nachvollzogen und dabei beschrieben, welche Auskunft das Blick- und Sprachverhalten der beiden Gesprächspartner über deren Beziehung zueinander und ihre eigene Einschätzung geben kann. Ich möchte nun auf die Bedeutung der Fragen eingehen, da diese den Beginn der Schülergespräche maßgeblich prägten.

Die Herstellung eines gemeinsamen Bezugssystems sowie die Einschätzung des anderen werden mittels Fragen erleichtert bzw. ermöglicht. So wurde bei unserem Experiment in der Regel zunächst einmal geklärt, in welcher Schule man sei, ob man mit dem Bus oder mit dem

Auto gekommen sei, welche Leistungskurse man belegt habe u.s.w. Um die Bedeutung der Fragen erschöpfend behandeln zu können, beziehe ich mich auf alle Fragen, die während der ersten beiden Minuten gestellt wurden.

Auffallend ist das schnelle „Frage-Antwort-Spiel"; der rasche Informationsaustausch beschleunigt die gegenseitige Einschätzung. Charakteristisch ist daher, daß die Fragen weitgehend in kurzen Sätzen beantwortet werden:

F: „von welcher Schule kommt ihr?"
M: „aus München, Gymnasium Nord"
F: „ach"
M: „ach? wo kommst du her?"
F: „aus Schäftlarn"
M: „aus Schäftlarn. Auch Schule, oder was?"
F: „na ja, Kloster"
M: „Kloster"
F: „mhm"
M: „eieiei, des sieht garnet so aus"

F: „auch Bio Leistungskurs oder?"
M: (nickt) „was hast du noch?"
F: „Sozialkunde"
M: „ohhh schön"
F: „Du?"
M: „Physik"
F: „ohje"

M: „woher seid's ihr?"
F: „hm?"
M: „woher seids ihr?"
F: „von Pasing, Karlsgymnasium"
M: „mhm"
F: „ihr?"
M: „von, aus Gauting"
F: „ahja, vom Traupe"
M: „ja. vom Traupe"
F: „aja"
M: „ahja, so ein Zufall, gell?"

Wenn die Frau viele Fragen stellt, so ist dies ein Hinweis dafür, daß ihr der Mann gefällt. Es ist naheliegend, daß die Frau einem Mann, den sie attraktiv findet, mehr Interesse entgegenbringt und dementsprechend viele Fragen stellt. Ihre „Neugierde" indes scheint bei ihrem Gesprächspartner positiven Anklang zu finden: Je mehr Fragen die Frau ihm stellt, desto attraktiver wird sie eingeschätzt.

Je mehr Fragen der Mann stellt, desto größer ist die Wahrscheinlichkeit, daß die Frau ihn ins Kino begleitet – übrigens ein hochsignifikantes Ergebnis.

Die Frau kann außerdem davon ausgehen, daß der Fragen stellende Mann Gefallen an ihr findet. Des weiteren schätzt sie auch ihre Chancen, daß er sie ins Kino begleiten möchte, höher ein, wenn er deutliches Interesse an ihr zeigt. Dieses Ergebnis gilt allerdings nur für Paare, bei denen der Mann von beiden als der Attraktivere gesehen wird. Bei dieser Paarkonstellation ist die Risikowahrnehmung der Frau höher als die des Mannes. Aus diesem Grund dürften seine Fragen für sie von besonders großer Bedeutung sein.

- Zeigt die Frau durch viele Fragen Interesse am Mann, so kann man davon ausgehen, daß dieser ihr gefällt. Besonders bei einer hohen Risikowahrnehmung legt sie viel Wert auf die Interessensbekundung (durch viele Fragen) des Mannes. Für den Mann ist die Häufigkeit der Fragen, die die Frau ihm stellt, offensichtlich von anderer Bedeutung. Sie haben keinen erkennbaren Einfluß auf seine Risikowahrnehmung und seine Bereitschaft, sondern sind ausschließlich Gradmesser für seine Attraktivitätsbeurteilung. Zeigt sie Interesse, so wird sie für ihn attraktiver. Für die Frau hingegen scheint die Anzahl der ihr gestellten Fragen von größerer Bedeutung zu sein. Der Mann wird aufgrund seiner Fragen für sie nicht unbedingt attraktiver, aber ihre Bereitschaft wird größer und ihre Risikowahrnehmung geringer.

Die Gesprächspausen

Einem fiktiven Gesprächsverlauf chronologisch folgend, gehe ich davon aus, daß nach der Gesprächseröffnung und einem kurzen Informationsaustausch irgendwann einmal eine Pause entsteht.

Es waren – das hatte ich eingangs erwähnt – gerade die Gesprächspausen, die uns auf die Idee brachten, den Schwerpunkt der Untersuchung auf die ersten 30 Sekunden einer Begegnung zu legen. Es stellte sich nämlich heraus, daß die Länge der Pausen während der ersten beiden Minuten hochsignifikant mit der Länge der Pausen während der gesamten Gesprächszeit korreliert (siehe Abbildung 31).

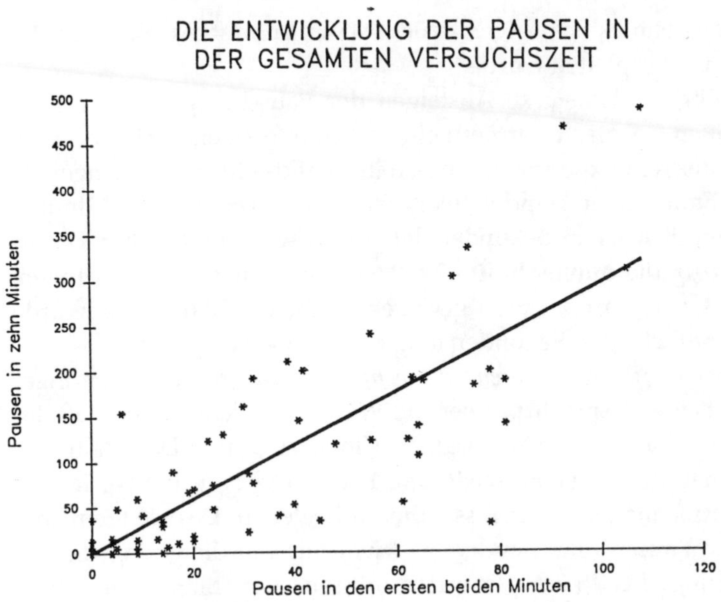

Abb. 31: Lange Gesprächspausen zu Beginn einer Begegnung waren bei unserem Versuch eine schlechte Prognose für den weiteren Verlauf. Nur in den seltensten Fällen kamen die Gesprächspaare nach „Anlaufschwierigkeiten" doch noch ins Gespräch.

Wir hatten bei der Auswertung der Pausen die zehnminütige Gesprächszeit unterteilt in: 1. die ersten 30 Sekunden, 2. die ersten beiden Minuten, da hier eine Unterbrechung durch den Versuchsleiter erfolgte, und 3. die übrigen acht Minuten.

Viele Pausen während der ersten 30 Sekunden sind ein schlechtes Zeichen. Sie stehen in engstem Zusammenhang mit der geringen Selbsteinschätzung des Mannes. Diese Korrelation ist hochsignifikant und überdies einleuchtend, da sich bekanntlich die geringe Selbsteinschätzung des Mannes auf dessen Gesprächigkeit hemmend auswirkt, folglich viele Pausen entstehen, besonders dann, wenn seine Gesprächspartnerin nicht als „Alleinunterhalterin" fungieren will. Kommen in den ersten 30 Sekunden nur wenige Pausen vor, so ist dies auf die Frau, die den Mann attraktiv findet, zurückzuführen.

Je länger die Pausen während der ersten beiden Minuten sind, desto geringer ist die Selbsteinschätzung des Mannes. Bei langen Pausen kann auch auf eine hohe männliche Risikowahrnehmung geschlossen werden: Ausgedehntes Schweigen drückt seine Vermutung aus, daß die Frau ihn nicht begleiten würde.

Auffällig ist das starke Ansteigen der Pausenlängen, wenn zwischen beiden Gesprächspartnern ein großes Interessensgefälle besteht: War bei unserem Experiment die Bereitschaft des Mannes geringer als die der Frau, so entstanden während der ersten beiden Minuten durchschnittlich 44,26 Sekunden lange Pausen. Bei gleicher Bereitschaft betrug die durchschnittliche Pausenlänge nur 22,65 Sekunden. War die Bereitschaft der Frau geringer als die des Mannes, so wurde durchschnittlich 40,65 Sekunden lang geschwiegen.

Je länger die Pausen während der acht Minuten sind, desto geringer schätzen beide Gesprächspartner die Wahrscheinlichkeit ein, daß der andere Lust zu einem gemeinsamen Kinobesuch hat. Der Mann zumindest hat mit seiner Einschätzung Recht. Die Frau hat bei langen Pausen tatsächlich kein Interesse, ihn zu begleiten. Des weiteren sind die langen Pausen (unter anderem) wiederum auf die geringe Selbsteinschätzung des Mannes zurückzuführen. Der Mann „blockiert" demnach, wenn er verunsichert ist, nicht nur den Beginn, sondern auch den gesamten Verlauf der Begegnung.

- Pausen sind charakteristische Merkmale einer Begegnung. Über ihre Ursachen im einzelnen zu spekulieren, ist nicht Thema dieser Arbeit. Die Suche nach einem geeigneten Gesprächsstoff dürfte eine Hauptursache sein. Sicherlich sollten aber auch die Faktoren „Kommunikationsbereitschaft und -fähigkeit" mit in Betracht gezogen werden. Die Pausen werden offensichtlich während der verschiedenen Abschnitte einer Begegnung von Mann und Frau (30 Sek., 2 Min., 8 Min.) von unterschiedlichen Faktoren beeinflußt. Während der ersten 30 Sekunden scheint die Attraktivitätsbeurteilung der Frau eine wesentliche Rolle zu spielen. Je höher diese ist, desto kürzere Pausen treten auf. Die Selbsteinschätzung des Mannes ist ebenfalls von großer Bedeutung: je geringer diese ist, desto mehr Pausen entstehen. Treffen nun die beiden Komponenten unglücklich aufeinander, findet sie ihn unattraktiv und ist seine Selbsteinschätzung zugleich gering, so kann man davon ausgehen, daß das Gespräch der beiden äußerst schleppend verlaufen wird. Lange Pausen während der ersten beiden und der restlichen acht Minuten weisen hingegen bei den Gesprächspartnern sowohl auf eine geringe Bereitschaft als auch auf eine hohe Risikowahrnehmung hin.

Wer beendet die langen Pausen?

Je länger die Gesprächspausen bei einer Erstbegegnung sind, desto schwieriger dürfte es fallen, sie zu beenden. Man sucht verzweifelt nach einem Gesprächsthema. Bei unseren Schülern war der Informationsaustausch oft schon nach der Klärung der Frage, woher man komme, wie die Schule und die Lehrer seien etc., beendet. Noch schwieriger wird es, wenn man auf einen Menschen stößt, der die Fragen mit einem „Ja“ oder „Nein“, ohne weitere Gegenfragen oder Kommentare beantwortet. Das war insbesondere bei den Schülerpaaren, bei denen sehr lange Pausen auftraten, der Fall. Begegnungen, die von Schweigen gekennzeichnet waren, lösten sogar bei uns während der Datenauswertung großes Unbehagen aus. Die „Gesprächs“partner rutschten verlegen, anscheinend gequält auf ihren Sitzbänken hin und her und vermieden jeglichen Blickkontakt.

Derjenige, der schließlich doch noch versuchte, das Schweigen zu beenden, dürfte entweder mehr Interesse an einer Konversation gehabt, dieses Interesse gewandter umgesetzt oder mehr unter den Pausen gelitten haben. Es bleibt also die Frage, inwieweit die Häufigkeit der Gesprächswiederaufnahmen von den Faktoren, die im Fragebogen genannt werden, abhängig sind.

Da während der ersten 30 Sekunden zu wenige Pausen entstanden sind, um statistisch signifikante Aussagen über die Bedeutung der Gesprächswiederaufnahme zu erlauben, beziehen sich die nun folgenden Ergebnisse auf die ersten beiden Minuten.

Der Mann nimmt das Gespräch nach den Pausen eher auf, wenn seine Bereitschaft, mit der Frau ins Kino zu gehen, niedrig ist – ein Ergebnis, das auf den ersten Blick etwas verblüffen mag. Ich vermute als Ursache hierfür, daß es in diesen Fällen stets an ihm liegt, das Gespräch in Gang zu halten – sein Interesse an der Frau sinkt dadurch. Die häufige Gesprächswiederaufnahme seitens des Mannes weist auf einen weiteren Zusammenhang hin: Je öfter er die Pausen beendet, desto unattraktiver wird er nämlich von der Frau gehalten. Man kann also folgern, daß ihre negative Einschätzung ihr Interesse, mit ihm näher ins Gespräch zu kommen, hemmt.

Umgekehrt verhält es sich ähnlich: Erfolgt die Gesprächsaufnahme häufig durch die Frau, so kann das in vielen Fällen ebenfalls auf ein Desinteresse des Mannes an der von ihm als unattraktiv eingeschätzten Frau zurückzuführen sein. Je weniger attraktiv er sie also findet, desto mehr sinkt seine Gesprächsbereitschaft.

- Man kann davon ausgehen, daß eine hohe Selbsteinschätzung des Mannes sowie die Attraktivität der Frau ausschlaggebend für die Häufigkeit der Gesprächswiederaufnahme durch den Mann sind. Liegt es an der Frau, das Gespräch nach den Pausen wiederaufzunehmen, so kann dies indes auch mit der Unsicherheit des Mannes, dem es schlicht an „Worten fehlt“, zusammenhängen.

Für die Frau gibt es demnach zwei Gründe für die häufige Gesprächswiederaufnahme: 1. Die männliche Unsicherheit spielt eine Rolle. 2. Die Frau wird von ihrem Partner als unattraktiv eingestuft. Das Wiederaufnehmen des Gesprächs scheint demnach bereits während des Gesprächsbeginns, in diesem Fall während der ersten beiden Minuten, ein außerordentlich wichtiger Hinweis für die gegenseitige Einschätzung zu sein.

Ich schließe an dieser Stelle die Analyse des imaginären Gesprächs eines Paares ab. Die Ergebnisse, insbesondere die Geschlechtsunterschiede, haben Fragen aufgeworfen, die im nun folgenden Kapitel unter *einem* (von vielen!) Aspekt diskutiert werden sollen.

Sechstes Kapitel

„Frauen sind eitel, Männer? Nie!"– Soziobiologische Aspekte

„[...]Der Mann war nur mit seinem Selbstbewußtsein bekleidet, und es war jenes Stadium eines Ferientages, wo man sich mit geradezu wollüstiger Langsamkeit anzieht [...] Der Mann stand vor dem Spiegel.

Männer sind nicht eitel. Frauen sind es. Alle Frauen sind eitel. Dieser Mann stand vor dem Spiegel, weil er dreiteilig war und weil der Mann zu Hause keinen solchen besaß. Nun sah er sich, Antonius mit dem Hängebauch, im dreiteiligen Spiegel und bemühte sich, sein Profil so kritisch anzusehen, wie seine egoistische Verliebtheit das zuließ – eigentlich...und nun richtete er sich ein wenig auf – eigentlich sah er doch sehr gut im Spiegel aus, wie – ? [...] und bei dieser Bestätigung sah sein linkes Auge ganz zufällig durch die dünne Gardine zum Fenster hinaus. Da stand etwas.

Es war eine enge Seitenstraße, und gegenüber, in gleicher Etagenhöhe, stand an einem Fenster eine Frau, eine ältere Frau, schien's, die hatte die drübige Gardine leicht zur Seite gerafft, den Arm hatte sie auf ein kleines Podest gelehnt, und sie stierte, starrte, glotzte, äugte gerade auf des Mannes gespiegelten Bauch. Allmächtiger.

Der erste Impuls hieß den Mann vom Spiegel zurücktreten in die schützende Weite des Zimmers, gegen Sicht gedeckt. So ein Frauenzimmer. Aber es war doch eine Art Kompliment, das war unleugbar [...] – es war eine Schmeichelei. ‚An die Schönheit'. Unleugbar war das so. Der Mann wagte sich drei Schritte vor.

Wahrhaftig: da stand sie noch immer und äugte und starrte: Nun – man ist auf der Welt, um Gutes zu tun...und wir können uns doch noch alle Tage sehen lassen – ein erneuter Blick in den Spiegel bestätigte das – heran an den Spiegel, heran ans Fenster!

Nein. Es war *zu* schèhnierlich...der Mann hüpfte davon, wie ein junges Mädchen, eilte ins Badezimmer und rasierte sich mit dem neuen Messer, das glitt sanft über die Haut wie ein nasses Handtuch, es war eine Freude [...] Zurück. Wollen doch spaßeshalber einmal sehen –.

Sie stand wahr und wahrhaftig noch immer da [...] Das war denn doch – also, das wollen wir doch mal sehen.

Der Mann ging nun überhaupt nicht mehr vom Spiegel fort. Er machte sich dort zu schaffen, wie eine Bühnenzofe auf dem Theater: er bürstete sich [...] er schnitt sich die Nägel und trocknete sich ausführlich hinter den Ohren, er sah sich prüfend von der Seite an, von vorn und auch sonst...ein schiefer Blick über die Straße: die Frau, die Dame, das Mädchen – sie stand noch immer da.

Der Mann, im Vollgefühl seiner maskulinen Siegerkraft, bewegte sich wie ein Gladiator im Zimmer, er tat so, als sei das Fenster nicht vorhanden, er ignorierte scheinbar ein Publikum, für das er alles tat, was er tat: er schlug ein Rad, und sein ganzer Körper machte fast hörbar: Kikeriki! dann zog er sich, mit leisem Bedauern, an.

Nun war da ein manierlich bekleideter Herr, – die Person stand doch immer noch da! –, er zog die Gardine zurück und öffnete mit leicht vertraulichem Lächeln das Fenster. Und sah hinüber.

Die Frau war gar keine Frau.

Die Frau, vor der er eine halbe Stunde lang seine männliche Nacktheit produziert hatte, war – ein Holzgestell mit einem Mantel darüber [...]

Leicht begossen schloß der Herr Mann das Fenster.

Frauen sind eitel. Männer –? Männer sind es nie."*

In dieser Humoreske von Kurt Tucholsky werden sehr schön und prägnant die Veränderungen im Verhalten eines Mannes beschrieben, der sich von einer Frau beobachtet glaubt. Aus einer momentanen Verunsicherung heraus, bezüglich seines Aussehens, entwickelt sich sein Werbeverhalten und nimmt durch die übersteigerte Selbstdarstellung groteske Züge an. Als er dann die Wirkung seiner Vorstellung erspähen will, stellt er enttäuscht fest, daß die vermeintliche Frau ein Kleiderständer ist. Daß er sich die Lächerlichkeit seiner Selbstdarstellung selbst eingesteht, scheitert indes an seiner Eitelkeit.

Inwiefern Tucholsky in seiner Beschreibung der übertriebenen Selbstdarstellung des Mannes ein wesentliches Charakteristikum des

---

* Kurt Tucholsky, „Frauen sind eitel, Männer? Nie –!"; aus: Kurt Tucholsky, Gesammelte Werke Band II, Seite 1252. Copyright (c) 1960 by Rowohlt Verlag GmbH, Reinbek.

männlichen Werbeverhaltens entlarvt hat, wird im nun folgenden Kapitel zu sehen sein.

Spricht man über die Bedeutung der Attraktivität, über den Einfluß des Selbstbewußtseins, über die Angst, vom anderen einen „Korb" zu bekommen, über das Interesse, mit dem anderen ins Kino zu gehen, bei Jugendlichen im Alter von ungefähr 18 Jahren, in einem Lebensabschnitt also, in dem die Suche nach einem Partner sicherlich eine zentrale Rolle spielt, drängen sich natürlich Begriffe wie Werbeverhalten, Liebe und Sexualität auf. Die Soziobiologie bietet interessante Erklärungsansätze für die im vorangegangenen Kapitel festgestellten, auffälligen Geschlechtsunterschiede. Daher werde ich die Abhandlung über den „ersten Eindruck" unter dem soziobiologischen Aspekt abschließen, wobei ich betonen möchte, daß es sich hierbei um spekulative Ansätze handelt. Ich bin mir sehr wohl im Klaren darüber, daß durchaus fruchtbare Gedanken zur Erklärung dieser Unterschiede auch von anderen Disziplinen, etwa der Psychologie, beigesteuert werden können. In diesem Buch soll jedoch der soziobiologische Ansatz vorrangig behandelt werden.

Die Soziobiologie befaßt sich u. a. mit der Frage, welche biologischen Funktionen bestimmten Verhaltensweisen zugrundeliegen, die dem ersten Anschein nach Folgen sozio-kultureller Entwicklungen sind. Ohne daß man sich unbedingt dessen bewußt ist, manifestieren sich also sowohl im menschlichen Verhalten, im sozialen Zusammenleben, als auch in der menschlichen Kultur biologische Funktionen, die im Laufe der menschlichen Phylogenese* eine möglichst optimale Weiterentwicklung garantierten.

Die Biologie hat somit durch die ganze Menschheitsgeschichte, ja sogar durch die Geschichte aller Organismen, über die Jahrtausende der Evolution hindurch das Leben beherrscht. Das bedeutet nicht etwa, daß wir bei allen unseren Handlungen den Instinkten unterliegen oder durch sie gar kontrolliert werden. Die biologischen Grundlagen unseres Handelns sind vielmehr die unvermeidlichen und grundlegenden Voraussetzungen für das Weiterleben[75].

Timothy Perper führt als ein Beispiel soziobiologischer Überlegungen die „Institution Ehe" an, die, rein biologisch betrachtet, sicherlich

* Als Phylogenese wird die Stammesgeschichte der Lebewesen verstanden. Die Ontogenese hingegen befaßt sich mit der Entwicklung der Lebewesen von der Eizelle an.

dem ersten Anschein nach keinen direkten Einfluß auf die Reproduktivität hat. Kinder können auch von unverheirateten Eltern großgezogen werden. Die sozio-kulturell ritualisierte Bindung der Eltern aneinander verstärkt bei der Frau das Gefühl der Sicherheit, da der Mann im Beisein von Zeugen formell und offiziell die Pflicht auf sich nimmt, seiner Frau stets, also auch bei dem Großziehen der Kinder, beizustehen. Die bei der Eheschließung öffentlich verkündete Treue indes bestärkt den Mann in seinem Glauben, daß er auch tatsächlich in seinen eigenen Nachwuchs investiert, wenn er seiner Frau bei dem Großziehen der Kinder zur Seite steht. So zumindest sieht es die Institution Ehe aus soziobiologischer Sicht vor. Wie es um die Wirklichkeit steht, daß nämlich die Ehe keine hundertprozentige Garantie für Sicherheit bietet, ist bekannt. Nach meiner Ansicht jedoch würde die Ehe, hätte sie keinen arterhaltenden Nutzen, nicht in allen Kulturen der Erde existieren. In der Tat gibt es kein Volk, bei dem am Anfang der Ehe nicht ein gewisser zeremonieller Aufwand steht.

Soziobiologie und Werbeverhalten

Kommen wir nun zum Werbeverhalten: Gibt es hier aussagekräftige Verbindungen zur Biologie? Nimmt man das Werbeverhalten von Schimpansen, Orang-Utans, Gorillas – Lebewesen also, die dem Menschen am ähnlichsten sind – zum Vergleich, so wird man erkennen, daß es in mancher Hinsicht dem unsrigen sehr ähnlich ist, denn auch bei nichtmenschlichen Primaten besteht das Werbeverhalten aus vermehrtem Blickkontakt, Umarmungen, gegenseitigem Streicheln und Küssen. Viele das Werben kennzeichnende Verhaltensweisen haben demnach eine stammesgeschichtliche Wurzel. Beim Homo sapiens ist das Werbeverhalten jedoch stark verfeinert, komplexer und damit auch komplizierter. Zu den biologischen Faktoren gesellen sich die kulturellen und emotionalen. Perper unterstreicht die untrennbare Verkettung dieser drei Komponenten[76].

In der Biologie ist man sich darüber einig, daß das Werbeverhalten im Dienste der Fortpflanzung steht. Diese Notwendigkeit hat ihrerseits die Art des Werbeverhaltens geprägt. Da die zu einem Fortpflanzungserfolg führenden Merkmale innerhalb einer Population miteinander in Konkurrenz stehen, was bedeutet, daß sie je nach Geschlecht unterschiedlich stark ausgeprägt sind, tritt bei der Werbung ein Verhalten auf, das diejenigen Merkmale in den Vordergrund stellt, die den höchsten Fortpflanzungserfolg versprechen.

Aufgrund der für die Geschlechter unterschiedlichen Investitionen in den Nachwuchs, wird es auch zum zwischengeschlechtlichen (intersexuellen) Konflikt kommen: Die Mutter trägt das Kind aus und hat somit auch den höheren Aufwand durch die Fürsorgepflicht. Da sich aber auch die Qualität des Vaters in unterschiedlicher Weise auf den Erfolg der „Aufzucht" auswirken kann, müssen Frauen wählerischer sein als Männer.

Männer haben dagegen die geringeren Kosten zu tragen und können überdies in der gleichen Zeit wesentlich mehr Nachwuchs erzeugen als Frauen; im Gegensatz zur Frau sehen sie sich dann jedoch mit der Ungewißheit konfrontiert, ob sie auch wirklich in ihren eigenen Nachwuchs investieren – nur die Frau weiß, wer tatsächlich der Vater des Kindes ist![77]

Die Bewertung der Kontaktaufnahme und damit auch des darauffolgenden Verhaltens muß daher bei beiden Geschlechtern unterschiedlich sein. Frauen dürften im allgemeinen aufgrund der höheren Investition auch ein höheres Risiko wahrnehmen als Männer; diese Selektivität setzt jedoch spezifische Signale der Aufforderung voraus, falls ein Partner als geeignet erscheint. Frauen müssen weiter, um die Investitionsbereitschaft des Mannes zu prüfen, einen hohen Grad an Sprödigkeit zeigen. Sie stehen in der Tat vor einem Dilemma: Einerseits müssen sie aus Konkurrenzgründen um einen Partner werben, andererseits müssen sie bei der Wahl vorsichtiger und umsichtiger vorgehen.

Das sexuelle Interesse

Zu guter Letzt gebührt dem sexuellen Interesse aneinander eine hohe Aufmerksamkeit, will man die Begegnung von Mann und Frau unter dem von uns gegebenen Aspekt genauer untersuchen. Setzt man nach den Ergebnissen der „Klassiker der Sexualforschung", Masters & Johnson, voraus, daß Männer im Schnitt mit 19 Jahren das stärkste sexuelle Interesse haben, Frauen aber erst mit 35 Jahren, so befanden sich unsere männlichen Versuchsteilnehmer zur Zeit der Untersuchung im Zenit ihrer sexuellen Aufmerksamkeit. Hinzu kommt das vielfach beschriebene Phänomen, daß Männer ohnehin stärker sexuell orientiert sind, wie unter anderem Interviews von Ehepartnern[78] ergaben. Rytting befragte Collegstudenten, wie wichtig ihrer Meinung nach die Sexualität innerhalb einer Beziehung sei und kam ebenfalls zu dem Schluß, daß Männer die Sexualität mehr betonten. Einige Autoren sind der Meinung, dieser Geschlechtsunterschied ließe sich sowohl auf soziale als auch auf biologische Ursachen zurückführen. Eine eingehende Diskussion würde jedoch zu weit führen. Ich möchte daher auf die in den Anmerkungen aufgeführte Literatur verweisen[79].

Sexuelle Dominanz und Submission

Die Bedeutung der Dominanz (Überlegenheit) beziehungsweise der Submission (Unterwerfung) erkannte bereits Charles Darwin (1809-1892). Eibl-Eibesfeldt erklärt die Verhaltensweisen der sexuellen Dominanz und Submission phylogenetisch. Angefangen bei Fischen, über Reptilien, Primaten, bis hin zu den Verhaltensweisen bei Naturvölkern ist eine eindeutige Dominanz der Männer und eine Submissionstendenz der Frauen insbesondere bei Werbesituationen festzustellen[80].

Die Verbindung von männlicher Sexualität, Dominanz und sogar Aggression läßt sich am besten bei Primaten beobachten, bei denen der erigierte Penis eine Macht demonstrierende Funktion hat. Die Verbindung von Dominanz, Aggression und Sexualität findet sich auch beim Menschen. So tragen beispielsweise die männlichen Eipos (Papua-Neuguinea) eine Kalebasse über ihrem Penis, um diesen optisch zu vergrößern (siehe Abbildung 32).

Die Kunsthistorikerin Christa Sütterlin (1987,1989) hat beschrieben, wie häufig bei vielen Kulturen der erigierte Penis in der Kunst als Macht-und Abschreckungssymbol dargestellt wird. Man findet künstlerisch gestaltete Phallussymbole etwa an Häusern oder Tempeln als Zeichen der Fruchtbarkeit und zur Abwehr von „bösen Geistern" (siehe Abbildung 33).

Der enge Zusammenhang zwischen männlicher Sexualität und Aggression wird auch deutlich, wenn man sich die Antworten vor Augen hält, die Terry 1983 in den USA bei einer Befragung zu den Synonyma

Abb. 32: Die Eipos auf Papua-Neuguinea tragen über ihrem Penis eine Kalebasse, um diesen optisch zu vergrößern. Der erigierte Penis dient bei den Primaten sowohl als Abschreckungssymbol als auch der Demonstration von Macht. (Aus: Eibl-Eibesfeldt, 1984)

des Wortes „Geschlechtsverkehr" erhielt. Vergleicht man die Antworten von Männern mit denen der Frauen, so stellt sich heraus, daß die männlichen Antworten wesentlich aggressiver gefärbt sind als die der Frauen. So tauchten bei Männern Wörter auf wie: harpunieren, platzen lassen, stoßen, klopfen, schießen, brechen etc.

Abb. 33: Der erigierte Penis dient bei vielen Völkern u.a. der Abschreckung. In der Kunst kommt diese Bedeutung besonders gut zum Ausdruck. Auf der ganzen Erde verteilt findet man den erigierten Penis über Tempel- und Kircheneingängen als Schutzsymbol gegen „das Böse“. (Aus der Sammlung von Eibl-Eibesfeldt, Photo: Eibl-Eibesfeldt, 1970).

Abb. 34: Das Brustweisen – hier bei einer Eipo-Frau – ist nach Eibl-Eibesfeldt als eine Geste der Beschwichtigung in Situationen der Unsicherheit und Unterlegenheit zu interpretieren. (Aus: Eibl-Eibesfeldt, 1984; Foto: Eibl-Eibesfeldt)

Wie steht es nun mit der Submissionstendenz bei Frauen? Männliches Werbeverhalten verträgt sich mit Aggression, nicht aber mit Angst:

„Unterliegt das Männchen, so verliert es sofort seine Balzstimmung und flieht. Dagegen kann ein unterlegenes Weibchen trotz aller Fluchtbereitschaft sexuelle Handlungen ausführen, während es nie balzt, wenn es überlegen ist." (Oehlert, 1958).

Ein Pendant zum Penisweisen ist übrigens bei der Frau das beschwichtigende Brustweisen in Situationen der Unsicherheit. Diese Geste ist ebenfalls von Eibl-Eibesfeldt bei vielen Kulturen beobachtet worden (siehe Abbildung 34).

Eibl-Eibesfeldt bezieht sich bei seiner Darstellung der weiblichen Submission unter anderem auch auf Kitzinger, die auf das submissive Kolorit in Tagträumen von Frauen hinweist.

„So scheint es, daß Frauen viel häufiger als Männer davon träumen, mißhandelt zu werden. (...) Männer haben Vergewaltigungs- und Eroberungsphantasien; Frauen träumen davon, vergewaltigt und erobert zu werden." (S. 92 f).

Kitzinger führt die masochistisch (submissiven) Tagträume jedoch weniger auf biologisch bedingte Ursachen, sondern eher auf gesellschaftliche Faktoren zurück:

„Wir Frauen fühlen uns oft nicht wohl bei Phantasien, die mit Gewalt oder gewaltsamer Inbesitznahme zu tun haben, denn wir wissen, daß sie unsere Weltsicht reflektieren und interpretieren (...) Unsere Phantasien sind nicht etwa isolierte, von unserer übrigen Existenz abgetrennte Geschehnisse. Unsere intimsten Träume spiegeln verzerrt oder karikiert unsere gesellschaftliche Realität wider. Sie sind beeinflußt von den sexuellen Normen der Gesellschaft, in der wir leben und reflektieren unsere Einstellungen zu dieser Gesellschaft." (Kitzinger, 1984, S. 92).

Aufgrund dieser hier äußerst verkürzt dargestellten Beobachtungen und Feststellungen kam Eibl-Eibesfeldt (1988) zusammenfassend zu folgender Aussage:

„Ich tendiere zur Annahme, daß beim Mann eine Lust am Dominieren besteht – bei der Frau indes ist eine Neigung zur Unterwerfung zu nennen. Diese unterschiedliche Rollenverteilung ist Teilbereich unseres archaischen Erbes. Dieses spielt beim normalen Sexualverhalten eine signifikante Rolle, wird jedoch unterstützt und kontrolliert durch die phylogenetisch neu erworbene Fähigkeit zur Liebe* oder dem Emotionsaspekt der Sexualität."[81]*

Buss (1985) untersuchte die Ähnlichkeiten von Ehepartnern hinsichtlich der Faktoren ‚Dominanz' und ‚Submission' und kam zu dem Ergebnis, daß dieser Bereich den einzigen Ausnahmefall bei dem im ersten Kapitel beschriebenen Gleichheitsphänomen darstellt – sehr viele Partner weisen tatsächlich diese sich ergänzende Konstellation auf. So tendieren Frauen dazu, besonders großen Wert auf die Dominanzstellung des Mannes zu legen. Sie bevorzugen einen Partner, von dem sie abhängig sind und den sie daher respektieren können. Einige Autoren berichten, die Frau verringere sogar zugunsten ihres Mannes ihre eigene Dominanzposition[82].

Die Diskussion um weibliche Submission und männliche Dominanz ist meiner Ansicht nach äußerst schwierig, zumal in den Zeiten der Emanzipation der Frau sicher eine leichte Veränderung in dieser Hinsicht stattgefunden hat. Akzeptiert man nun die überall im Tierreich und bei Naturvölkern beobachtbaren diesbezüglichen Geschlechtsunterschiede, und überträgt man diese Erkenntnisse auf die heutige westliche Zivilisation, so wäre zu erwarten, daß die wachsende Emanzipation, die steigende Macht der Frau, sich vor allem auf „schwächere" Männer negativ auswirken müßte. Und in der Tat stellen Wissenschaftler das Problem der Impotenz oftmals in einen Zusammenhang mit dem Verlust der männlichen Dominanzposition. So ist beim Mann in der Regel ein starkes Selbstbewußtsein vonnöten, wenn er eine Beziehung mit einer „starken" Frau eingeht. Ausnahmen bilden natürlich die Regel! Weiter unten werden wir auf den in unserem Experiment beschriebenen Geschlechtsunterschied bei der Unsicherheitsbewältigung unter dem Gesichtspunkt der Dominanz und Submission noch ausführlicher eingehen. Es ist indes zu unterscheiden, ob man von einer Dominanzhierarchie bei Ehepartnern spricht, die sich im Laufe der Beziehung entwickelt hat, oder von einer Dominanzstruktur bei einer Erstbegegnung, die sich aus der ersten Einschätzung herausgebildet hat und somit auf einem vorläufigen, hypo-

* Die in phylogenetischer Hinsicht neu erworbene Liebesfähigkeit, von der Eibl-Eibesfeldt spricht, resultiert aus der Brutpflege, also der engen Mutter-Kind-Bindung. Diese starke emotionale Beziehung ist eine wesentliche Grundvoraussetzung für die Entstehung der Fähigkeit zur Liebe.

thetischen Gerüst von Vorahnungen basiert. Faktoren, die die Dominanzstruktur bei einer Erstbegegnung erkennen lassen, sind in unserem Experiment beschrieben worden (Fragebogen, Blickkontakt, Hinweise auf Unsicherheit in der Spechweise). Des weiteren spielt die Beherrschung des Gesprächsablaufs seitens der Männer eine Rolle.

Zweck dieser Erörterung der biologischen Grundlagen des menschlichen Werbeverhaltens war es, aufzuzeigen, wie sich stammesgeschichtlich erworbene Verhaltensweisen im Werbeverhalten auswirken können. Betrachtet man nun die Geschlechtsunterschiede, die sich bei unserem Experiment während der ersten 30 Sekunden manifestierten – ich denke hier insbesondere an die Schwierigkeit der Männer, bei geringem Selbstbewußtsein mit der Frau in Kontakt zu treten –, so liegt die Vermutung nahe, die oben beschriebene biologische Überlegung verifiziere sich sogar in einer Situation, in der man zunächst einmal weit davon entfernt ist anzunehmen, sie stünde unter dem Einfluß der Partnersuche.

Ich möchte im Anschluß an die soziobiologischen Vorüberlegungen zur zeitlichen Abfolge der verschiedenen Werbephasen kommen, wie sie in der Fachliteratur allgemein beschrieben wird und sie auf unser Experiment, insbesondere auf die ersten 30 Sekunden, beziehen.

Das Flirt- und Werbeverhalten

Die meisten Veröffentlichungen zum Thema „Werbeverhalten, Flirt und Partnerwahl" stammen aus dem englischsprachigen Raum, vornehmlich den USA. „Flirtation" und „Courtship" sind hier Begriffe für „Flirt" beziehungsweise „Werbeverhalten"; letzteres ist jedoch ausschließlich biologisch gemeint, also im Hinblick auf den Vollzug der geschlechtlichen Vereinigung[83]. Weniger konkret hingegen ist der Begriff „Flirtation", er meint ein eher spielerisches Interagieren von Mann und Frau. In der Realität ist der Übergang von „Flirtation" zu „Courtship" eher fließend, und daher ist es für den Beobachter, aber auch für die betroffenen Personen selbst oft schwierig, die Ernsthaftigkeit des Flirtverhaltens adäquat zu beurteilen.

Insbesondere Männer sind mit dem Problem der richtigen Interpretation des weiblichen Verhaltens konfrontiert. Bevor ich zu einer detaillierten Beschreibung der verschiedenen Werbephasen von Givens komme, sei noch dessen Definition von Werbung aufgeführt: „Als Werbeverhalten wird jener Prozeß bezeichnet, bei dem innige Beziehungen entstehen, aus denen eine sexuelle Beziehung hervorgehen kann“[84].

Givens ist der Meinung, das Werbeverhalten sei in gewisser Hinsicht biologisch determiniert. Im Tierreich lassen sich eine Vielzahl von Annhäherungsstrategien an das andere Geschlecht beobachten. Bei vielen Tieren und auch beim Menschen hat sich daher ein Repertoire von „Signalen“ entwickelt, das die sexuelle Annäherung zu erleichtern vermag.

Beim Menschen ist jede Annäherung an das andere Geschlecht dadurch ambivalent, daß er dem Bedürfnis nach Nähe (oder Fortpflanzung) nachgeben, gleichzeitig aber die angeborene Scheu vor dem Mitmenschen überwinden muß. Die Annäherungsstrategien haben folglich die Funktion, daß der einzelne seinem Bedürfnis nach Nähe nur mit größter Vorsicht, unter Respektierung der angeborenen Scheu vor dem Mitmenschen folgt. Eibl-Eibesfeldt beobachtete bei vielen unterschiedlichen Kulturen, mit welch empfindlichem Feingefühl und welcher Sensitivität eine Kontaktanbahnung in der Regel abläuft. Diese Ambivalenz der Anziehung unter gleichzeitiger Beachtung der erforderlichen Distanz kennzeichnet die im folgenden beschriebene Werbephase. Zum Ausdruck kommt dies im Ineinanderspiel von verbalen und nonverbalen Komponenten. Berücksichtigt man die oben beschriebenen geschlechtsspezifischen Voraussetzungen, so wird man annehmen, das Werbeverhalten des Mannes sei aufgrund seiner größeren Konkurrenz (hervorgerufen durch die starke weibliche Selektivität) von Imponiergehabe und Dominanzstreben gekennzeichnet. Eibl-Eibesfeldt spricht hier vom „Werbeimponieren“ des Mannes. Es wird sich nun zeigen, inwieweit sich das Werbeverhalten des Mannes von dem der Frau unterscheidet, und ob unsere Daten bereits während der ersten 30 Sekunden der Schülerbegegnungen Verhaltensweisen aufzeigen, die nicht nur auf eine Werbesituation beziehungweise Flirtsituation hinweisen, sondern zudem die soziobiologischen Thesen zu unterstützen vermögen.

Bei der Beschreibung des Werbeverhaltens unterscheidet man nach Givens vier Phasen, die selbstverständlich ineinander übergehen, sich überschneiden und dabei immer wieder von der „Norm“ abweichen. Grundsätzlich aber folgt auf das Aufmerksamwerden (1. Phase) das

Erkennen beziehungsweise die Reziprozität (Wechselwirkung) (2. Phase). Meist schließt sich ein Gespräch (3. Phase) an, dessen Verlauf dann in die 4. Phase führen kann, in die der sexuellen Erregbarkeit. Ist es bis zur 4. Phase gekommen, läßt sich noch eine 5. beschreiben, die Resolutionsphase, der Umschlag der Emotionen nach dem vollzogenen Geschlechtsakt.

Um den Ablauf der einzelnen Phasen besser verständlich zu machen, lassen wir einen Mann und eine Frau zusammentreffen. Sie sitzen beispielsweise im Abteil eines Zuges, haben beide eine längere Reise vor sich und sind sich vorher noch nie begegnet.

Die erste Phase

In der ersten Phase dieser Begegnung – Givens nennt sie die Aufmerksamkeitsphase, Murstein die Stimulusphase – werden sich unsere beiden Fremden bei den üblichen Höflichkeitsritualen (Begrüßung, Koffer aufs Netz heben usw.) gegenseitig mustern; unterstellen wir außerdem, daß der Mann ein verstärktes, vielleicht sogar sexuelles Interesse an der Frau verspürt, dürfen wir annehmen, daß er im Verlauf der Reise sein Werbungsrepertoire nutzen wird, um der Frau irgendwie näher zu kommen.

Die Frau hingegen, äußerst wählerisch, zeigt sich nicht so sehr interessiert, fühlt sich aber durch das Werben des Mannes geschmeichelt und läßt es geschehen. Somit haben wir die ideale Ausgangssituation für unsere fiktiven Beobachtungen.

Zunächst müssen die männlichen Bemühungen um sein weibliches Gegenüber von diesem gar nicht unbedingt wahrgenommen werden. Sie können unverfänglicher Natur sein, etwa derart, daß er sich durch die Lektüre einer wissenschaftlichen Zeitschrift als gebildeter Mensch auszugeben versucht. Je nach Situation wird er aber dann ihren Blickkontakt suchen – dieses Bestreben ist eines der wichtigsten Kennzeichen dieser Phase – und ihn sogleich wieder abbrechen, denn er darf die Dame keinesfalls anstarren. Dieser erste Blickkontakt ist übrigens auch Gegenstand der Forschung gewesen. Moore schreibt, der anfängliche Blickkontakt dauere selten länger als drei Sekunden, was sich auch mit unseren Ergebnissen deckt.

Dann wird unser Mann, beinahe erschreckt über das kurze freundliche Lächeln der Dame, ruckartig den Kopf wenden (‚head-toss' genannt) und sich die Krawatte richten oder die Nasenflügel reiben. Diese Automanipulationen (Selbstberührungen) sind oft in Flirtsituationen zu beobachten und häufen sich mit wachsender Nähe zur „begehrten" Person.

Ist der Mann über die unerwartete Freundlichkeit in Verlegenheit geraten? Doch hat der kurze Blickkontakt schon eine gewisse Nähe aufkommen lassen. Der Mann fühlt die Ambivalenz der Situation: Er will sich einerseits der Frau nähern, andererseits zögert er, weil er einen „Korb" und damit einen Gesichtsverlust riskiert. Daher lächelt er verlegen, ein ambivalentes Lächeln, und blickt aus dem Fenster.

Der Zug ist nun angefahren, und unser Paar tritt in die zweite Phase der Bekanntschaft ein, falls die Frau nicht durch einen „strafenden" Blick den Mann bei seinen Annäherungsversuchen blockiert hat. Als Zeichen ihrer Kontaktverweigerung wären auch das Wegdrehen ihres Körpers und starres Sitzen, also wenig Körperbewegungen, anzusehen.

Die zweite Phase

> Wenn mein Blick euch etwas sagt,
> tretet näher. Frisch gewagt!
> Nicht zu leerem Zeitvertreib
> red ich so. Ich bin *das Weib.*
> (Max Brod)

Um eine Flirtsituation erst richtig aufkommen bzw. andauern zu lassen, ist es unerläßlich, daß die Flirtbereitschaft bei beiden Involvierten vorhanden ist und auch gezeigt wird.

Fehlende Reziprozität der Attraktionssignale läßt eine Flirtsituation nicht aufkommen. Timothy Perper argumentiert, daß alle Lebenwesen und Organismen ihr Verhalten in Abhängigkeit von ihrer Umgebung stets variieren. Hätte unser Mann bei der Dame Signale der Abwehr wahrgenommen, so hätte dies mit höchster Wahrscheinlichkeit zu einem „Rückzug" geführt.

Doch unser Mann hat Glück, die Frau erwidert seinen Blick freundlich, vielleicht sogar in Kombination mit einem Lächeln, einem freundlich gestimmten Signal, jedoch mit gewisser Reserviertheit. Er muß also sein Werben verstärken, um ans Ziel zu gelangen. Es ist dies die Phase der „Erkennung", d. h. die Frau nimmt das Interesse des Mannes wahr. Dieser wiederum versucht nun, sich auf verschiedene Weise ins rechte Licht zu rücken, wobei ihm meist gar nicht bewußt sein dürfte, was er tut: Es steht ihm nun eine breite Palette von Verhaltensweisen der Frau gegenüber zur Verfügung.

Der Einfachheit halber unterstellen wir, daß eine gegenseitige Attraktion besteht. Die im folgenden aufgeführten Bewegungsmuster werden nun mit hoher Wahrscheinlichkeit bei den beiden Reisenden zu beobachten sein. Fühlt sich unser Mann dominant, so macht er sich auf seinem Sitz breit, ein Verhalten, das mehrfach beobachtet und beschrieben worden ist. Das sich Strecken und Dehnen der Muskeln sowie die offene Beinstellung ist ebenso ein bei Männern in Flirtsituationen häufig beobachtetes Phänomen und weist auf hohes Interesse an der Frau hin.

Werfen wir einen Blick auf die Dame. Wie wird sie sich wohl verhalten, um ihr Interesse am Mann auszudrücken? Moore untersuchte die eben beschriebenen beiden ersten Phasen, indem sie in Bars und Cafés beobachtete, auf welche Weise eine Frau mittels nichtsprachlicher Signale einen Mann dazu auffordert, mit ihr näher in Kontakt zu treten. Anschließend wurden diese Verhaltensweisen, die für das Werbeverhalten der Frauen charakteristisch sind, katalogisiert. Ich möchte aus den insgesamt 52 erfaßten, typischen Flirtsignalen diejenigen kurz darstellen, die auch bei unserem Schülerexperiment bereits während der ersten 30 Sekunden zu beobachten waren.

Als erstes ist das Blickverhalten zu nennen. Schaut man sich etwas länger als üblich in die Augen, hält man die Augen möglichst weit geöffnet, so bedeutet dies nach Desmond Morris ein gewisses Flirtsignal. Häufiges Gestikulieren während des Sprechens weist besonders bei Frauen auf ein erhöhtes Interesse am Gegenüber hin. Das zeigte auch unsere Datenanalyse[85]. Der sogenannte ‚Hair Flip' (siehe Abbildung 36), bei dem die Haare mit der Hand nach hinten gestreift werden und der ‚Head Toss', eine ruckartige Kopfbewegung nach hinten, wurden von Moore besonders häufig bei Frauen beobachtet. Die Untersuchun-

Abb. 35: Das Muskelspiel dieses Mannes, der großes Interesse an seiner Gesprächspartnerin im Fragebogen angab, kennzeichnete die ersten 30 Sekunden seiner Begegnung mit ihr. Das Dehnen und Strecken der Muskeln gilt als ein typisch männliches Flirtsignal. (Foto: Christl Lautenbacher)

gen von Kruck weisen jedoch darauf hin, daß es sich hierbei ohnehin um für Frauen typische Bewegungen handelt, die sie nicht nur in Gegenwart von Männern machen. Moore beschreibt überdies das Präsentieren des Nackens wobei der Kopf seitlich geneigt wird und den Nakken (Halsschlagader) den Blicken freigibt. Sie deutet dieses Verhalten als eine submissive Geste (siehe Abbildung 37).

Die in Abbildung 38 gezeigte Geste wurde in der Literatur einerseits als ein Präsentieren des Körpers, auf der anderen Seite von Scheflen als eine Dominanzgeste (sich größer machen) beschrieben[86]. Das Verschränken beider Arme hinter dem Kopf kann bei der Frau, bei der

Abb. 36: Frauen streifen sich häufiger die Haare aus dem Gesicht als Männer. Die Länge der Haare mag hier sicherlich eine ausschlaggebende Rolle spielen, der sogenannte ‚Hair Flip' wird in der Fachliteratur jedoch als ein typisches Flirtsignal beschrieben. (Foto: Christl Lautenbacher)

Abb. 37: Die sogenannte ‚Neck Presentation', also das Zeigen des Nackens, gilt als eine submissive Geste – die ungeschützte Halsschlagader wird präsentiert – und zählt zu den weiblichen Flirtsignalen. (Foto: Christl Lautenbacher)

diese Körperhaltung häufiger als beim Mann zu sehen ist, auf zweierlei Weise interpretiert werden. Zum einen zeigt eine Frau mit hohem Interesse an ihrem Partner diese Körperhaltung; verharrt sie jedoch über längere Zeit in dieser Position, so ist dies auch als ein Zeichen von Dominanz zu sehen[87].

Die Häufigkeit des Lächelns, insbesondere mit geöffnetem Mund, und des Lachens dient ebenfalls als zuverlässiger Indikator einer positiven Einschätzung.

Abb. 38: Das Verschränken der Arme hinter dem Kopf konnten wir bei unserem Schülerexperiment sehr häufig beobachten. Die genaue Bedeutung dieser Geste ist jedoch noch nicht geklärt. Diskutiert wird, ob das sogenannte ‚Head Akimbo' (nach Grammer) mit einem Dominanz- oder Verlegenheitsgefühl in Zusammenhang gebracht werden kann.

Die dritte Phase – Die Bedeutung der Gesprächseröffnung

Kehren wir nun zu unserem im Zug reisenden Paar zurück! Der Mann hat inzwischen alle nötigen Register gezogen, um angenehm aufzufallen, und wagt es, ein Gespräch zu beginnen: „Fahren Sie nach Kiel?" Natürlich ist er sehr gespannt, wie die Dame reagieren wird, denn er ist mit der direkten Frage ein höheres Risiko eingegangen, abgelehnt zu werden, als dies mit einer weniger direkten Gesprächseröffnung etwa: „Ist heiß hier", der Fall gewesen wäre. Die direkte Frage unseres Reisenden verlangt eine Antwort. Diese kann unter Umständen sehr abweisend ausfallen: „Ich frage mich, was sie das angeht?" Ein Statement zur momentanen Lage und Situation hingegen muß nicht notwendigerweise beantwortet werden.

Die Art der Gespächseröffnung bestimmt m.E. wesentlich den Verlauf und die weitere Entwicklung einer Begegnung. Nicht umsonst bemühen sich viele „Flirtbücher" (wenn auch nicht auf besonders ernstzunehmende Weise), um eine reichhaltige Palette von Tips, die diesem ersten Schritt zum Erfolg verhelfen soll: Für die Bahnfahrt, wie in unserer fiktiven Situation beschrieben, schlägt beispielsweise Constanze

Elsner in ihrem Buch „Wie man eine Frau aufreißt" – aus der Sicht einer Frau – folgende Sprüche vor:

„Im 1.- Klasse- Abteil (da sind Sie meistens mit ihr allein): ‚Hätten Sie Lust, das Abteil gegen den Speisewagen Touristenklasse zu tauschen?' Falls Sie mit ihr allein im Abteil sind und die Fensterscheiben schmutzig sind (sind sie meistens!), können Sie auch ein Herz mit Pfeil und ihren Initialen darauf malen. Dann müssen Sie sie nur noch fragen, wie ‚sie' heißt, um Ihr Meisterwerk vervollständigen zu können...."

Kleinke (1981, zitiert in Perper) schreibt einer Gesprächseröffnung wie: „Hey, mein Name ist Ed, wie heißt du?" die beste Effektivität zu. Befindet man sich zum Zeitpunkt des Kennenlernens beispielsweise in einer Bar, so empfielt Perper die Frage :„Was hältst du von der Band?" In einem Restaurant wäre die Frage nach dem Essen angebracht, in einem Supermarkt das Angebot, die Tüten zu tragen, der richtige Einstieg.

Bei all diesen Eröffnungen ist ein Interesse an der Frau impliziert, des weiteren geben Fragen der Frau die Möglichkeit zu einer Antwort. Unsere Ergebnisse weisen zwar auf die große Bedeutung hin, die die Anzahl der von Männern an die Frau gerichteten Fragen hat, da dies Interesse an der Frau signalisiert; bei der Gesprächseröffnung hingegen wird von Frauen die Indirektheit in Form eines neutralen Statements bevorzugt.

Ich wollte den „Tips" der Wissenschaft zum Thema „Anbandeln" etwas konkreter und realitätsbezogener nachgehen. Interviews mit Jugendlichen und Erwachsenen in der Münchener Fußgängerzone brachten folgende Erkenntnisse.

Exkurs: Welche Erfahrungen haben Frauen mit der „Anmache" von Männern gemacht?

„Zuerst zahl'n sie dir was, dann sagn's dir, daß du gut ausschaust, und dann bleiben's die ganze Zeit neben dir stehen, dann fragen's dich halt aus" (Mädchen, 16 Jahre, leicht genervt von dieser Art)

„Genauso jemand wie sie, das wollt ich immer schon kennenlernen." (35jährige Frau, sie fand diese Art der Anbahnung gut und ist auf ein Gespräch eingegangen)

„Haben sie Lust, mit auf eine Tasse Kaffee zu gehen?" (35jährige Frau, der Spruch wurde von mehreren Frauen als uneffektiv, da abgedroschen, beurteilt)

„Ohlala, du bist hier das schönste Girl auf der Straße." (20jährige – sie fand diese Anmache durchwegs blöde)

„Paß auf, du kannst jetzt machen, was du willst, heute Abend zeig ich dir Lausanne, du bist sicher neu hier. Um 10 Uhr treffen wir uns hier!" (Susanne, 24jährig, fand sich pünktlich um 10 Uhr an besagter Stelle ein, erstaunt über sich selbst – zu verdanken war dies der originellen Anbahnung)

„Darf ich dich mal beißen?", sagte ein Mann zu einer 37jährigen Frau, die mit einer hochgesteckten Frisur und blankem Hals an einer Bar stand. (Der Spruch wurde positiv aufgenommen)

„Darf ich Sie zu einem Kilo Zucker einladen?" Mit Humor nahm eine Frau die Kontaktanbahnung eines Mannes an einem Obststand auf: Sie kaufte ein paar Kilo Erdebeeren. Der Verkäufer packte die Beeren ein und fragte: „Für Marmelade?" Die Frau bejahte dies. „Darf ich Sie zu einem Kilo Zucker einladen?", lautete der Kontaktspruch des in der Schlange wartenden Mannes. (Ihre Reaktion fiel positiv aus)

„Haben wir uns nicht schon mal irgendwo gesehen?" (Dieser Spruch wird von vielen Frauen als „blöde" angesehen)

„Hey, schenkst du mir mal Deinen Kaugummi?" (Die auf diese Weise Angesprochene erwiderte „na klar" und spuckte ihm den Kaugummi vor die Füße)

„Willst du mal ein Bild von meinem Po machen?"(Fragte mich ein Mann, als ich mit der Videokamera Flirtverhalten filmte – es kam zu keinem Wortwechsel)

„Weißt du, du bist unter den Frauen das, was ein Ferrari unter den Autos ist."(22jährige Frau, sie reagierte nicht auf den Spruch)

„Gehst du mit mir zum Beck (Kaufhaus) und ziehst die Abendkleider an?" (24jährige Frau, ihre Reaktion war immerhin ein Lachen)

Fragt man jugendliche Männer nach deren Anbandelssprüchen, so erhält man folgende Antworten

„‚Hy Baby' hab ich in München noch nicht probiert, aber in Würzburg klappt des immer." (Junge, ca. 17 Jahre)

„Meistens fragt man doch erst amal wie sie heißt, weil ‚Hey du' geht doch nicht, oder?" (Junge, ca. 17 Jahre)

„Ich stell mich erst mal vor ihr, schau sie an und denk mir erst mal meinen Teil und wenn's dann anfangt zu grinsen, dann sag ich „Hy" und frag sie, ob sie einen Freund hat". (Junge, 17 Jahre)

„Hy, wie geht's denn? Und dann würd ich sie fragen, ob sie'n Freund hat." (Junge, ca. 17 Jahre)

„Jetzt bist fällig, weil du mit mir jetzt ein Weißbier trinken gehen mußt. Die Story mit dem ‚Bittschön kannt i amoi Feuer habn', woaßt scho, was sie schon vor 70 Jahren g'macht haben, kannst vergessen, die direkte Art ist die beste, je frecher daß 'd bist, desto leichter tust' di. Sagn's halt zwei mal na und dann beim dritten mal ja – Im Durchschnitt sagn's mehr ‚ja'."(Junger Mann, ca. 20 Jahre)

„Dann geh i hin und sag ihr, daß mir g'fallt, ganz einfach". (Junger Mann, ca. 22 Jahre)

Frauen sprechen Männer selten an

„Einen Mann ansprechen? Nie!" Das hörte ich von den meisten Frauen.

Männer orientieren sich bei ihren „Anmach"sprüchen an dem Aussehen der Frau

„Es kommt drauf an, wia guat sie mir g'fällt, zuerst muß man amal a Rund'n rum dran und schaun, ob's überhaupt einschlagt, ob's überhaupt dementsprechend ausschaut, weil, woaßt scho, da gehst von hinten hi und dann dreht sie sich um und dann kann's sein, daß du vor Schreck auf'n Boden hinhaust und daß du dort liegenbleibst." (20jähriger Mann)

„Es kommt drauf an, wia's mir g'fallt, also, wenn's mir ganz gut gfallt , dat i rübergehn und dann fragen, ob i mich dazusetzen derf." (24jähriger Mann)

„Der erste Satz, des hängt davon ab, wie die Frau ausschaut. Sag'n wir mal so, wenn sie etwas extrovertiert gekleidet ist, dann wird der Satz anders ausschaun als wenn sie sag'n wir mal ein Dirndl anhät. Beim Dirndl ist des scho a bisserl schwerer." (27jähriger Mann)

Frauen bevorzugen originelle Sprüche

„Es muß schon was Witziges sein." (17jähriges Mädchen)

„Die Kaffee-Anmache ist langweilig." (Das sagten mehrere Mädchen)

„‚Jetzt bist du fällig, du mußt jetzt mitkommen', das wäre kein schlechter Spruch." (24jähriges Mädchen)

Die Mehrzahl der Männer hat nach Kleinke offensichtlich Schwierigkeiten, den richtigen Gesprächseinstieg zu finden. Unpassende Bemerkungen, die durch ihre Plumpheit von vornherein eine Abweisung durch die Frau wahrscheinlich machen, sind paradoxerweise keine

Seltenheit. Eine Erklärung liegt möglicherweise in der Annahme des Mannes, die augenscheinliche Abweisung der Frau sei auf ihn selbst zurückzuführen. Mit anderen Worten, hätte er nicht mit dieser plumpen Bemerkung das Gespräch begonnen, so hätte die Frau ihn sicherlich nicht abgewiesen. Der Mann schützt sich also vor der „Abfuhr" mit Zweckpessimismus. Hat der Mann jedoch trotz einer ungeschickten Gesprächseröffnung Erfolg, so hat die Frau wahrscheinlich schon bei ihrer vorangegangenen Einschätzung einen angenehmen Eindruck von ihm erhalten. Er hatte bereits vor der eigentlichen Kontakteröffnung sozusagen einen „Bonus".

Kehren wir ins Zugabteil zurück. Einigen wir uns darauf, daß der Mann fragen wird: „Fahren sie auch nach Kiel?" und sie darauf antwortet „Ja, sie auch?". Es ist bei der ‚verbalen Annäherung', der Gesprächseröffnung, bei beiden von einem hohen Grad an innerer Erregtheit auszugehen, die sich auf ihr Sprachverhalten auswirkt. Zu der bereits vollzogenen Beurteilung des äußeren Erscheinungsbildes gesellt sich die Sprechweise, also die Stimme, die Wahl des Ausdrucks, der Dialekt.

Die Sprechweise halte ich bei der Einschätzung eines anderen Menschen für ein maßgebliches Kriterium. So könnte z. B. ein ausgeprägter und ungewohnter Dialekt zu einer Befremdung führen. Nehmen wir einmal an, unsere Dame kommt aus Berlin und lassen wir ihren Reisebegleiter aus Niederbayern stammen – und was ein echter Bayer ist, der kann und will seine Herkunft natürlich auch in keiner Weise verbergen. Die so im breitesten niederbayerisch angesprochene Dame dürfte vielleicht etwas Schwierigkeiten haben, mit ihrem Gegenüber vertraut zu werden, wie wir das ja eigentlich erwarten. Vielleicht findet sie es sogar abstoßend und würde lieber ihre vertraute Berliner Mundart hören.

Auch die Stimme wirkt als positiver oder negativer Auslöser. Stimmen werden Eigenschaftswörter zugeordnet wie z. B. „sanft, sexy, ruhig, schrill, hart, hysterisch, beruhigend etc."

Unsere beiden Reisenden reagieren bei ihrem ersten Wortwechsel überschnell aufeinander. Kurzen Fragen folgen schnelle und knappe Antworten. Das haben wir übrigens auch bei unserem Schülerexperiment festgestellt. Man sucht nach Gemeinsamkeiten – „ach, Sie kommen aus Percha...., kennen Sie den Rudi...?" Würde unsere Reisende im Zug diesen Rudi kennen, so wäre kein Grund mehr vorhanden, noch weiter nach einem passenden Thema zu suchen.

Dieses extrem schnelle Reagieren ist nach Givens ein typisches Kennzeichen für eine Flirtsituation.

Unser reisender Herr aber zeigt sich von seiner humorvollen Seite. Die Dame reagiert auf seine witzigen Bemerkungen mit einem lauten Lachen – für den außenstehenden Beobachter vielleicht mit einem etwas zu übertriebenen Lachen –, beugt sich zudem mit ihrem Oberkörper nach vorne, eine Bewegung, die nach Perper ein deutlicher Hinweis darauf ist, daß sie sich zu ihrem Gegenüber hingezogen fühlt.

Nehmen wir an, das Zugabteil unseres Paares sei von fröhlicher Stimmung und herzhaftem Lachen der Reisenden erfüllt – dann dürfen wir mit größter Wahrscheinlichkeit annehmen, daß Dame und Herr sich äußerst sympathisch finden.

Lachen als Indiz für Sympathie

An dieser Stelle möchte ich auf die Ergebnisse von Karl Grammer zu sprechen kommen, der die Bedeutung des Lachens bei unserem Schülerexperiment untersucht hat:

Frauen lachen eindeutig häufiger als Männer. Männer lachen öfters tonlos, Frauen dagegen öfters stimmhaft, wobei man davon ausgehen kann, daß die Anzahl der Lautäußerungen beim Lachen sowie die Stimmhaftigkeit Intensitätsparameter sind.

Lachen Frauen während einer Begegnung mit einem Mann häufig und intensiv, dann kann man davon ausgehen, daß sie Gefallen an ihrem Gegenüber finden. Beim Mann ist es genau umgekehrt: Je attraktiver er die Frau findet, desto weniger lacht er, was wohl auf seine Hemmung oder Verlegenheit zurückzuführen ist. Bei geringerer Risikowahrnehmung lacht der Mann folglich öfters.*

Betrachtet man die beiderseitige Bereitschaft, miteinander ins Kino zu gehen, zeigt es sich, daß für die Paare, bei denen beide dazu gewillt

* Iris Müller fügte bei der Überarbeitung des Manuskripts an dieser Stelle eine andere mögliche Erklärung hinzu: „Hat es nicht vielleicht auch damit zu tun, daß ein 'lächerlicher' Mann in der Tat im doppelten Sinne seine Würde verliert und nach dem traditionellen Erziehungsmodell besser dasteht, wenn er sich sachlich, ernst und überlegt gibt?

sind, das gemeinsame Lachen offensichtlich eine wichtige Rolle spielt. Männer und Frauen schließen sich eher einander an, wenn sie häufig zusammen gelacht haben.

Interessant ist, daß es anscheinend nicht nur wichtig ist, ob, wie oft und wann gelacht wird, sondern auch *wie*. Denn Frauen, die oft tonlos lachen, werden von den Männern eher abgelehnt.

> „Bei vorsichtiger Interpretation dieser Ergebnisse können wir zunächst einmal festhalten, daß lautes Lachen tatsächlich als Signal der gegenseitigen Übereinkunft betrachtet werden kann. Frauen scheinen dieses nicht-sprachliche Signal häufiger zu benutzen und damit ihre Bereitschaft anzudeuten. Dabei tritt ein unterschiedlicher zeitlicher Verlauf auf: Männer lachen am Anfang viel und die Frau stimmt ein; Frauen dagegen lachen am Schluß viel, und der Mann stimmt ein. Stimmhaftes Lachen signalisiert Bereitschaft, tonloses Ablehnung. Wir wissen aber nicht, wie Bereitschaft und Zusammenlachen ursächlich verknüpft sind." (Grammer, 1987, S. 23)

Kehren wir noch einmal zurück in das Zugabteil und stellen wir fest, daß unserere beiden Reisenden, die zunehmend Gefallen aneinander finden, sich mittlerweile öfter und länger in die Augen sehen. Lange Blicke sind also ebenfalls ein Hinweis auf Sympathie und gegenseitige Attraktion.

Bei den Körperbewegungen läßt sich nun eine gewisse Synchronisation feststellen. In der Fachliteratur besteht noch keine einheitliche Definition der Synchronisation. Kruck unterscheidet die Imitation von der Synchronisation, wobei erstere eine exakte Nachahmung der Körperbewegungen ist, die zweite hingegen ein beobachtbares Zusammenspiel der Körperbewegungen von Gesprächspartnern, einem Tanz vergleichbar.

Nach einer aufwendigen Analyse kam sie zu dem erstaunlichen Ergebnis, daß viele Körperbewegungen beider Gesprächspartner in gewisser Weise aufeinander abgestimmt sind. Zeigt die Frau ein bestimmtes Bewegungsmuster A, indem sie etwa während des Gesprächs die Arme ausbreitet, so reagiert der Mann mit einer statistisch signifikanten Wahrscheinlichkeit stets mit dem Bewegungsmuster B (z. B. Automanipulation). Die vielen einzelnen Bewegungsmuster (Kruck analysierte über 9500 davon) können sich auch überschneiden, bleiben jedoch zeitlich in überschaubarem Rahmen. Auch wenn das bloße Auge die Vielzahl der Körperabstimmungen nicht im einzelnen erfassen kann, so wird durch die Mikroanalyse* einer Interaktion nicht nur die beeindruckende Mannigfaltigkeit der Bewegungsabläufe sichtbar, sondern auch mit welcher Geschwindigkeit Reaktionen auf körperliche Reize folgen, so daß man tatsächlich von einer Synchronisation sprechen kann. Die gegenseitige Abstimmung der Körperbewegungen impliziert noch nicht die von Givens, Kendon und Perper beschriebene Imitation, die von diesen Autoren als Synchronisation bezeichnet wird. Die Imitation gilt diesen Forschern zufolge als typische Verhaltensweise für eine Flirtsituation. Obwohl die Imitation bei vielen Begegnungen zu beobachten ist, weist sie Krucks Ergebnissen zufolge nicht unbedingt auf eine Übereinkunft und Übereinstimmung zwischen den Gesprächspartnern hin, wie es in der Literatur beschrieben wird. Die Autoren, die sich in ihrer Flirtbeschreibung auf die Bedeutung der Imitation (Synchronisation) stützen, haben in ihren Publikationen keine wirklich statistisch glaubhaften Daten, Zahlen oder Fakten aufgeführt. Perper bezieht sich bei der Abhandlung des Themas „Synchronisation" unter anderem auch auf das gemeinsame Heben, Trinken und Senken des Glases; dies sei ein Hinweis auf Synchronisation und ein typisches Zeichen für eine Flirtsituation[88].

Nehmen wir einmal an, zwei Menschen sind in ein Gespräch vertieft. Der Sprecher beendet seine Äußerung, der Zuhörer hat dem nichts hinzuzufügen. Es entsteht eine kurze Pause. Die Tatsache, daß dann beide zur selben Zeit an ihrem Glas nippen, halte ich, unabhängig davon, ob gänzliche Übereinstimmung besteht, für sehr wahrscheinlich. Pausen müssen überbrückt werden, da sie, wie bereits erwähnt, in der Regel von den Gesprächspartnern als unangenehm empfunden werden. Der Griff zum Glas liegt da nahe.

Unser reisendes Paar im Zug ist mittlerweile kurz vor Kiel angelangt. Man hat das Gespräch schon auf recht private Dinge gelenkt und beschlossen, sich in Kiel zum Abendessen zu treffen. Beim gemeinsamen Tanz im Nachtclub tritt unser Paar anschließend – sofern dies nicht schon früher geschehen ist, vielleicht beim ersten Blick? – in die 4. Flirtphase ein, die Phase der geschlechtlich-sexuellen Erregung.

---

* Bei einer Mikroanalyse wird das menschliche Verhalten „Bild für Bild" (des Videobandes), quasi im Zeitlupentempo betrachtet.

Die vierte Phase

Das Sexuelle wird nun nicht mehr ausgeschlossen. Es können jetzt kindliche Verhaltensmuster zum Vorschein kommen, wie Berührungen der Hände, leichtes Streicheln, die an elterliche Geborgenheit erinnern*. Insbesondere in dieser Phase, aber auch schon vorher, spielt jedoch ein die Fortentwicklung der Begegnung stark beeinflussender Faktor mit: Es wurde bereits beschrieben, daß bestimmte weibliche Gesten (die ruckartige Kopfbewegung nach hinten,das Nackenpräsentieren, der ‚Hair Flip', das Verlegenheitslächeln) in der Fachliteratur als Zeichen der Flirtbereitschaft gewertet werden, obwohl diese auch sehr häufig innerhalb gleichgeschlechtlicher Dyaden auftauchen (Frau-Frau Begegnungen). Das bedeutet, daß trotz dieser Signale die Frau nicht unbedingt flirtbereit sein muß. Es liegt jedoch nahe, daß der Mann die Signale als entsprechende Aufforderungen auffaßt.

Es ist in der Tat so, daß Männer sich viel schneller in einer sexuell gefärbten Situation mit einer Frau vermuten als die Frau. Verstärkend kommt hinzu, daß Männer ohnehin stärker sexuell orientiert sind als Frauen.

Ein Experiment, 1982 von der amerikanischen Wissenschaftlerin Antonia Abbey mit insgesamt 144 Männern und Frauen zwischen 19 und 21 Jahren durchgeführt, ging der Frage der unterschiedlichen Wahrnehmung der sexuellen Bereitschaft nach. Zufällig kombinierte, gemischtgeschlechtliche Paare (im folgenden ‚Akteure' genannt) wurden je einzeln in einen Raum gebeten und aufgefordert, sich über ein bestimmtes Thema zu unterhalten. In einen Nebenraum wurde ebenfalls ein gemischtgeschlechtliches Paar geführt, welches durch einen Einwegspiegel die Begegnung der Akteure verfolgen sollte. Nach fünf Minuten Gesprächszeit bekamen sowohl die Akteure als auch die Beobachter einen Fragebogen, der die gegenseitige Einschätzung sowohl der Persönlichkeit als auch die des sexuellen Interesses und der sexuellen Bereitschaft der Akteure erfaßte. Es stellte sich heraus, daß Männer (Beobachter und männliche Akteure) Frauen als wesentlich promisker und verführerischer einschätzten als die Frauen. Des weite-

* Heterosexuelle Partnerbindungen haben sich aus dem Brutpflegeverhalten entwickelt (Wickler u. Seibt , 1981), wobei die Dauer der Bindung im positiven Verhältnis zur Dauer der Brutpflege steht.

ren waren die Männer sexuell stärker von den Frauen beeindruckt als umgekehrt. Männliches Flirtverhalten fiel den männlichen Beobachtern im Gegensatz zu den weiblichen Beobachtern auf. Die Männer schätzten ihre Geschlechtsgenossen auch attraktiver ein als die Frauen.

In diesem Punkt kam Abbey also zum selben Schluß wie wir mit unserem Fragebogen. Sowohl die Beobachter als auch die Akteure selbst waren interessierter an einem Treffen mit der weiblichen Akteurin als die Frauen an den männlichen Akteuren. Des weiteren schätzten die Männer die sexuelle Bereitschaft der weiblichen Versuchspersonen insgesamt als wesentlich größer ein als die Frauen.

Alles in allem kam eindeutig zum Vorschein, daß Begegnungen (auch Erstbegegnungen) von Mann und Frau von Männern wesentlich häufiger als sexuell gefärbt interpretiert werden, wobei sie davon ausgehen, daß das weibliche Geschlecht die Begegnungen ähnlich betrachtet.

> „Der angenommene Effekt, Männer mißverstünden weibliche Freundlichkeit als Verführung scheint ein weiterer Ausdruck stärkerer sexueller Orientierung bei Männern zu sein." (Abbey, 1982, S. 837).[89]

Aber auch die Offenheit und Freizügigkeit des weiblichen Kleidungsstils (Hot Pants, enge kurze Röcke etc.) wird von Männern oft fälschlich als Signal sexueller Bereitschaft aufgefaßt[90]. Hierbei sollte jedoch unterschieden werden, ob die gerade aktuelle Mode die Freizügigkeit betont oder ob eine Frau grundsätzlich versucht, sexuell attraktiv zu wirken.

Können „frauenerfahrene" Männer, also Männer mit wechselnden Rendezvouspartnerinnen, die weiblichen Signale besser interpretieren als unerfahrene Männer? In einem Experiment von Twentyman et al. sollten Frauen und Männer mit diesbezüglich unterschiedlichem Erfahrungshintergrund die Qualität und Effektivität diverser, auf Videos gezeigter Kontaktanbahnungen beurteilen. Dabei stellte sich heraus, daß Männer mit wechselnden Rendezvouspartnerinnen im Gegensatz zu Männern mit weniger Erfahrungen die Kontaktanbahnungen ähnlich beurteilten wie Frauen. Die Tatsache, daß sich die Beurteilungen der beiden Männergruppen untereinander jedoch statistisch nicht signifikant unterschieden, ließen Muehlenhard et al. bezweifeln, daß Männer mit wenigen Frauenbekanntschaften ungeschickter in der Interpretation weiblicher Signale seien, wie Twentyman und Kollegen ihr Ergebnis interpretierten.

Muehlenhard et al. betonen zusätzlich die Auswirkung eines möglichen Pessimismus der Männer mit weniger Partnerinnen. Sie führen die uneffektivere Bewertung der Kontaktanbahnung auf negative Erfahrungen mit Frauen und dem daraus resultierenden geringeren Selbstbewußtsein zurück – an dieser Stelle sei noch einmal erwähnt, daß die Häufigkeit der Rendezvous natürlich auch von der Attraktivität der Männer abhängig ist – unattraktive Männer haben Untersuchungen zufolge weniger Rendezvous[91]. Muehlenhard et al. zeigten bei ihrem Experiment den beiden Männergruppen (häufiger, seltener Kontakt zu Frauen) Videoaufzeichnungen von Gesprächen zwischen Männern und Frauen. Die Versuchspersonen (106 Jugendliche im Alter von 19 Jahren) hatten zu beurteilen, wie interessiert die Frauen an den Männern waren und mit welcher Sicherheit sie dieses Urteil abgeben konnten. Um die Aussagen von Twentymen zu replizieren, ließen sie auch 36 weibliche Personen die Bereitschaft der im Film gezeigten Frauen einschätzen. Es zeigte sich, daß Männer mit häufigerem Kontakt zu Partnerinnen das weibliche Verhalten keineswegs besser beurteilen konnten als Männer mit weniger Rendezvouserfahrungen. Die Autoren wehren sich demnach gegen die Annahme, Männer mit wenigen Frauenbekanntschaften seien somit gleichzeitig sozial inkompetenter. Sie stellen vielmehr die Überlegung an, die Häufigkeit der Rendezvous könne auch ganz einfach am Interesse liegen oder an der Tatsache, daß manche Männer „mehr Wert auf Qualität, andere mehr auf Quantität legen". Bei dieser Interpretation ist jedoch zu bedenken, daß ein großer Unterschied darin besteht, ob man in aller Ruhe, ohne den Zwang reagieren zu müssen, ohne die Gefahr eines Gesichtsverlusts und ohne den inneren Drang, sich bei der Frau ins gute Licht zu rükken, das Verhalten eines anderen beurteilen kann, oder ob dies durch die Zwänge der Versuchssituation ausgeschlossen wird. Auch wenn es keine eklatanten Unterschiede in der Beurteilung weiblicher Signale gibt, einmal davon abgesehen, daß Männer diese Signale in der Regel zu sehr auf Sexualität bezogen interpretieren, so unterscheiden sie sich sicherlich bezüglich ihrer Fähigkeit, auf diese Signale entsprechend zu reagieren.

Kehren wir noch einmal zu unserem reisenden Paar zurück, das wir in Kiel bereits beim Tanzen beobachtet haben. Alles in allem ist nun im Idealfall, also ohne Fehlinterpretationen und Zurückweisungen, wie wir es bei unserem Musterpaar unterstellt haben, der Wechsel vom Allgemein-Unverbindlichen zum Intim-Vertraulichen vollzogen.

Wie verhielten sich nun die Schüler unseres Experiments im Vergleich zu dem Musterpaar? Auch hier kam es übrigens zweimal zu Körperkontakten. Inwieweit man den betreffenden Gesprächspartnern sexuelle Erregung unterstellen kann, bleibt jedoch offen. Bei einem Paar breitete sich der Mann im Verlauf des Gesprächs immer mehr aus und drängte die Frau mit seinen Beinen förmlich in die Ecke. Diese ließ es geschehen, auch als sich ihre Knie (durch Zufall?) berührten. Ein anderes Paar geriet beim gemeinsamen Betrachten eines Bildes in Körperkontakt.

Abb. 39: Körperberührungen konnten wir bei unserem Experiment bei zwei Paaren beobachten. Nach ungefähr acht Minuten hatte der Mann die Frau mit seinen Beinen derart in die Ecke gedrängt, daß es schließlich zu einer kurzen Körperberührung kam. (Foto: Christl Lautenbacher)

Die fünfte Phase

Givens beschreibt noch eine fünfte Phase, nämlich die der geschlechtlichen Vereinigung und deren Konsequenzen für das Werbeverhalten. Dieses verändert sich nämlich, davon geht zumindest Givens aus, nach vollzogener Vereinigung schlagartig.

Vor der fünften Phase wollen wir uns von der Beobachtung unserer beiden Reisenden diskret zurückziehen. Schließlich wollten wir lediglich das Werbeverhalten einmal aus der Nähe betrachten.

Die nun folgende Bildersequenz zeigt ein Mädchen, das großen Gefallen an seinem Gesprächspartner gefunden hat. Die in der Literatur als weibliche Flirtsignale beschriebenen Verhaltensweisen waren bei dieser Schülerin bereits während der ersten 30 Sekunden ihrer Begegnung mit dem Mann zu beobachten.

Abb. 40: Gleich zu Beginn ihrer Begegnung mit diesem Mann war bei dieser Frau, die extrem hohes Interesse an ihm hatte, der „Hair Flip" zu beobachten. Noch sieht sie ihn nicht an. (Fotoserie: Christl Lautenbacher)

Abb. 41: Nach 3 Sekunden lächelt sie ihm zu.

Abb. 42: Nach 6 Sekunden folgt das sogenannte ‚Coy Smile', das Verlegenheitslächeln mit abgewandtem Gesicht.

Abb. 43: Zwei Sekunden später, insgesamt nach 8 Sekunden, ihr ‚Head Toss', die ruckartige Kopfbewegung nach hinten.

Abb. 44: Es vergehen weitere 8 Sekunden, und sie streicht sich abermals mit hocherhobenem Ellbogen durch die Haare.

Abb. 45: 3 Sekunden lang spielt sie an ihren Haarspitzen – eine Automanipulation.

Abb. 46: Zwei Sekunden später folgt die zweite Automanipulation. Die Frau faßt an ihre Kette.

Abb. 47: Nach weiteren 4 Sekunden zeigt sie abermals ein für das weibliche Flirtverhalten typisches Verlegenheitslächeln.

Nach der Betrachtung der verschiedenen Werbephasen möchte ich nun noch auf einen wichtigen Punkt zurückkommen, der auf unser Schülerexperiment einen wesentlichen Einfluß hatte: die deutlich feststellbaren Geschlechtsunterschiede bei der Bewältigung von Unsicherheit. Warum zogen sich einige unserer männlichen Versuchsteilnehmer bereits während der ersten 30 Sekunden zurück, sprachen kaum mehr und mieden den Blickkontakt?

Für eine Erklärung muß ich etwas weiter ausholen.

Dominanz und Submission beim Flirtverhalten

Die Art der Selbstdarstellung eines Menschen ist von den auch in unserem Experiment berücksichtigten vier Faktoren Attraktivität, Risikowahrnehmung, Selbsteinschätzung und Bereitschaft abhängig. Sie kann eine submissive, aber auch dominante Ausprägung haben. Submissiv ist die Selbstdarstellung etwa dann, wenn ein Partner dem anderen seine Schwächen anvertraut, sich gleichsam vor ihm herabsetzt. Diese Art der Selbstdarstellung tauchte bei unseren Schülerinnen sehr häufig auf. So beantwortete beispielsweise eine Schülerin die Frage ihres Partners nach dem Schulstoff mit dem Hinweis, sie dürfe man nicht fragen, sie sei in diesem Fach ohnehin die Schlechteste in der Klasse.

Frauen modulieren ihre Selbstdarstellung auf subtilere Weise als Männer: Sie zeigen sich oftmals als großartige Zuhörerinnen, eine Interessensbekundung, die sie in den Augen des Mannes attraktiver werden läßt. Alles in allem ist jedoch der Aufwand, den Frauen zur Erhöhung ihrer physischen Attraktivität betreiben, bedeutsamer als jede andere Form der Selbstdarstellung[92].

Die männlich-dominante Selbstdarstellung, das Werbeimponieren, zeichnet sich meist durch den Versuch einer Demonstration von Schutzvermögen, aber auch von Dominanz über das soziale Umfeld aus. Eine aussagekräftige Studie dazu stammt von einem der führenden Forscher auf dem Gebiet der Partnerwahl, David Buss (1988). Er verdeutlichte, daß Männer im Gegensatz zu Frauen meist mittels Angebereien werben. Männer „spucken große Töne“, sie betonen ihre Trinkfestigkeit, die große Zahl ihrer Frauenbekanntschaften, ihre sportlichen und beruflichen (oder schulischen) Leistungen. Das ebenfalls bei vielen Männern zu beobachtende Muskelspiel soll, so Buss, auf ihre Kraft aufmerksam machen.

Die beiden Faktoren ‚Dominanz‘ und ‚Submission‘ kamen tendenziell auch bei unserem Schülerexperiment zum Tragen. Bei der Gesprächseröffnung ließ sich bereits ein Unterschied zwischen den Geschlechtern erkennen. Der Mann äußerte sich in der Regel kritisch oder auch herablassend über die momentane Situation. Bereits während der ersten 30 Sekunden des Gesprächs und auch im weiteren Verlauf zeigte es sich immer wieder, daß die Männer gerne ihre „hervorragenden“ Schulleistungen hervorhoben, während die Frauen dazu tendierten, ihre Leistungen herabzusetzen.

Anläßlich einer Nachstellung des Experiments für das Fernsehen wurde ein männlicher Statist des Künstlerdienstes zur Teilnahme verpflichtet. Wie im Schülerexperiment befand er sich mit einer Frau im Beobachtungsraum und wußte nichts von der versteckten Kamera. Dieses Gespräch ist ein krönendes Beispiel für die männliche Selbstdarstellung geworden.

Der Schauspieler nahm mit einem lauten Räuspern das Gespräch auf und sagte, ohne seine Partnerin (eine Mitarbeiterin des Instituts) anzusehen:

„Die sind sich nicht ganz einig, wie des ablaufen soll, hm?"
(Sie gibt ihm Recht:) „Ja, glaub' ich auch!

Bereits wenige Sekunden danach beginnt er mit einer extremen Selbstdarstellung:

„Ich häng heut schon den dritten Tag drinnen!"
„Ja?"
„Ich hab' gestern Dreharbeiten für den Alten gehabt, und jetzt häng' ich schon wieder drinnen und und vorgestern."
„Aha"

Der Mann stöhnt und reibt sich die Augen – es entsteht eine kurze Pause, danach führt sie den Dialog fort:

„Ja, ich bin ja, ich wußte von überhaupt nichts, die haben da drüben angerufen und die Karin, die macht bei uns Diplomarbeit, die sagte mir, da muß jetzt einer rüber, die brauchen Frauen zum Dosenöffnen*.
(Der Mann lacht:) „Frauen zum Dosenöffnen!"

Er fragt sie dann kurz nach ihrer Arbeit, um darauf das Interesse sofort wieder auf sich zu lenken:

„Ach so, sind Sie hier heraußen so beschäftigt, oder? Ach so, ne, ich bin Statist normalerweise, also Laiendarsteller."
(Ein erstauntes „Ach so" von ihr läßt ihn weiter ausholen:)
„Ich komm vom Film normalerweise, drum sag ich ja, ich hab gestern, seit drei Tagen häng ich voll drin. Ich hab gestern haben wir eben die so so Komparsenaufnahmen, Statistenaufnahmen für den Alten gemacht, gestern, ah, vorgestern und gestern. Und heute bin ich von der Arbeit ganz schnell rausgfahrn, weil ich angerufen worden bin, ich bin ja beim Künstlerdienst mit drinnen."
„Aha"
„Und die haben mich angerufen und hab'n g'sagt, wir hätten was für sie, hab ich g'sagt, um was geht?'s denn, haben die g'sagt, aber es geht nur um 80 Mark, hab ich g'sagt, oh, des is aber verdammt wenig."
(Sie sagt nur „ja" und betrachtet ihn etwas erstaunt. Er fährt fort:)
„Und dann hab ich g'sagt, ja, ich mach's. Ist für mich unheimliches Trainingsgebiet und Übungsgebiet, weil ich mach's noch nicht so lange, daß ich sagen kann, ich bin schon ein kleiner Profi......."

Grammer ging dem Phänomen der sprachlichen Selbstdarstellung nach und untersuchte die Verwendung der Personalpronomina (du, er, sie, wir....) bei den Äußerungen, über die die Schüler unseres Experiments lachten. Er unterstellte, daß Sätze mit häufiger Verwendung

---

* Das Dosenöffnen – ein Versuch zur Händigkeit – war der Vorwand zur Ablenkung von dem eigentlichen Vorhaben, nämlich die Versuchssituation des Flirtexperiments möglichst wahrheitsgetreu nachzustellen.

von „ich“ und „wir“ selbstdarstellerischer Art sind (da hier der Sprecher von sich selber spricht – „ich habe ein schönes Auto, wir sind mit dem Bus gekommen..“).

Die verbale Selbstdarstellung der Männer, also eine große Anzahl von Sätzen mit „ich“ und „wir“, ist dann am ausgeprägtesten, wenn der Mann das Gefühl hat, in der Attraktivität seinem weiblichen Gegenüber nicht unterlegen zu sein – was impliziert, daß er nicht mit einem Unterlegenheitsgefühl zu kämpfen hat.

Interessant ist, daß Männer, wenn sie mit einer besonders attraktiven Frau zusammentreffen, weitaus weniger „angeben“, beziehungsweise seltener über sich selbst sprechen. Wir sehen uns wieder einmal mit der männlichen „Rückzugsstrategie“ bei Unsicherheit konfrontiert. Übrigens kommen die Männer in Gegenwart einer minder attraktiven Frau ebenso kaum auf sich selber zu sprechen – hier scheint das nötige Interesse zu fehlen!

Grammer interpretiert seine Ergebnisse so:

> „Die Resultate zeigen, daß die Effizienz der Direktheit (Selbstdarstellung, eigene Anmerkung) mit der Höhe des Risikos variiert. Bei geringem Risiko (unattraktive Frauen) wird versucht, mit Indirektheit eine soziale Distanz zu schaffen; bei hohem Risiko (attraktive Frauen) hingegen wird versucht, damit die soziale Distanz zu verringern...Der Effekt scheint dieser Hypothese recht zu geben: Frauen schließen sich bereitwilliger Männern an, deren Aussagen eher indirekt als direkt waren“(1987, S. 28).

Grammer wollte herausfinden, welchen Erfolg Männer mit ihrem Hang zur Selbstdarstellung bei Frauen haben, und stellte fest, daß Männer erfolgreicher wären, wenn sie auf ihr Imponiergehabe verzichten würden. In unserem Experiment war die Bereitschaft der Frau, mit dem Mann ins Kino zu gehen, dann am größten, wenn er positiv über Dritte sprach.

Es ist bemerkenswert, daß Frauen es offensichtlich vorziehen, wenn der Mann über sich selbst lachen kann.

> „Damit erweist sich die Mehrheit der Männer als schlechte Taktiker. Sie folgen den ‚utimaten‘ Bedingungen, viel Selbstdarstellung in Gegenwart der Frauen zu betreiben, um sich als gute Partner darzustellen und die Frau zu beeindrucken. ‚Einschmeicheln‘, also über die Frau reden und sie zu qualifizieren, bringt das bessere Resultat“ (Grammer, 1987).

Männer können also die Bereitschaft der Frau, mit ihnen ins Kino zu gehen, auf sprachlichem Weg beeinflussen.

Das dem Mann eigene Werbeimponieren und das Dominanzstreben äußern sich überdies in seinem Konversationsstil. Die These von der männlichen Dominanz über die Frau findet ihre Bestätigung beispielsweise in der Anzahl der Wörter, welche bei Frauen bei einer gemischtgeschlechtlichen Begegnung wesentlich niedriger ist als die der Männer[93]. Männer initiieren den Kontakt, das wird zumindest oft behauptet. Sie regeln die Kommunikation, des weiteren unterbrechen sie ihre weiblichen Gesprächspartner öfter[94].

In unserem Experiment konnten wir jedoch diesen Geschlechtsunterschied in keinerlei Hinsicht bestätigt sehen.

Bei hoher Bereitschaft eröffneten hier die Frauen das Gespräch. Männer hatten insbesondere bei hoher Attraktivität der Frau Schwierigkeiten, die ersten Worte zu finden und überließen daher die Gesprächseröffnung lieber ihr. Des weiteren wurde deutlich, daß Männer vor ihrer Gesprächseröffnung in der Regel darauf warteten, daß ihnen die Frau einen nonverbalen „Auftakt" gab, sie also ermunterte.

Wer initiiert demnach den Kontakt? Beschränkt man sich nicht nur auf die sprachliche Ebene der Kontakteröffnung, so gerät das Bild des „forschen" Mannes schnell ins Wanken. Dieser nämlich ist zumeist auf ein ermutigendes Zeichen, einen Blick oder ein Lächeln der Frau angewiesen.

Eine Studie von Krauss über den Konversationsstil von 24jährigen Studenten ergab, daß sich das Sprachverhalten des Mannes in Gegenwart einer Frau verändert. Im Vergleich zu Gesprächen unter Männern werden die Sätze kürzer, was als ein Zeichen der Unsicherheit angesehen wird. Dagegen bilden Frauen in Gegenwart von Männern längere Sätze als in Gesprächen mit Frauen. Insgesamt macht jedoch der Mann „mehr Worte" als die Frau, d. h. er redet in der Regel mehr als seine Gesprächspartnerin.

Unsere Ergebnisse weisen darauf hin, daß nur der Mann bei geringer Selbsteinschätzung wenig spricht, nicht aber die Frau. Ich bin daher der Ansicht, daß die Gesamtwortzahl der Äußerungen allein als Maßstab für die Dominanzstruktur innerhalb eines Gesprächs nicht aussagekräftig genug ist. Unsere Ergebnisse legen es nahe, als vorrangiges Kriterium vielmehr die Länge der Sätze zu nehmen.

Was geschieht nun, wenn ein Mann aufgrund seiner geringen Selbsteinschätzung nicht in der Lage ist, „adäquate" Selbstdarstellung zu betreiben?

„Männliche Sexualität verträgt sich mit Aggressivität, nicht aber mit Angst. Bei der weiblichen Sexualität ist es dagegen genau umgekehrt..."(Eibl-Eibesfeldt, 1984, S. 329).

Diese Aussage erklärt möglicherweise den Geschlechtsunterschied des Verhaltens bei geringer Selbsteinschätzung. Männer beginnen dann erst gar nicht ein Gespräch oder sprechen kaum, meiden den Blickkontakt und ziehen sich bereits während der ersten 30 Sekunden der Begegnung zurück; sie scheinen von Anfang an zu resignieren. Dieses Verhalten führt bei der Frau sehr schnell zu einer ablehnenden Haltung. Bei unserem Schülerexperiment war öfters zu beobachten, daß ein Mann mit geringer Selbsteinschätzung in Gegenwart seiner attraktiven Gesprächspartnerin bereits binnen der ersten 30 Sekunden gehemmt und nicht mehr in der Lage war, die freundliche Kontaktsuche der Frau zu erwidern. Diese gab nach kurzer Zeit den Versuch auf, den Mann aus der Reserve zu locken.

Frauen indes suchen bei geringer Selbsteinschätzung verstärkt den Kontakt, ja initiieren ihn und versuchen ihn zu halten, sowohl auf der Ebene ihres Blickverhaltens als auch auf sprachlichem Wege. Die Suche nach einer etwaigen Dominanzstruktur, die zudem eine Antwort auf das Problem der Geschlechtsspezifität zu geben vermag, halte ich, insbesondere während Flirtsituationen, aber auch bei Erstkontakten in einer Altersgruppe, wie wir sie beschrieben haben, für nicht besonders aussichtsreich. Die von Thorne und Henley aufgestellte „dominance-male-Hypothese", die besagt, daß das gesellschaftliche Leben nach wie vor von männlicher Vorherrschaft und Dominanz geprägt sei, läßt sich, das zeigen die Ergebnisse, nicht widerspruchslos auf eine Flirtsituation oder auf die Erstbegegnung von Mann und Frau übertragen. Auch wenn Frauen Gesten der scheinbaren Unterlegenheit (Submission) im Flirtverhalten häufiger zeigen als Männer, die ja, wie wir gesehen haben, eher zu einer Demonstration von Macht neigen, so ist es meiner Ansicht nach falsch und voreilig, von den geschlechtsspezifischen, strategischen Werbestrategien auf die tatsächliche Dominanzstruktur zu schließen. Submissive Strategien der Frauen sind nicht unbedingt Ausdruck einer tatsächlichen Unterwürfigkeit, sie haben sich vielmehr in ihrer Wirkung auf den Mann mehr bewährt: Vorgetäuschte Hilflosigkeit vermag die „Beschützertriebe“ des Mannes besser hervorzulocken.

Inwieweit dagegen eine starke männliche Selbstdarstellung tatsächlich die erwünschte Wirkung auf die begehrte Frau ausübt, wurde bereits gezeigt. Ein Zuviel führt hier zum Gegenteil dessen, was erreicht werden soll. Die Frau mag zwar einen Mann mit starker Selbsteinschätzung, letztere darf jedoch, wenn sie ein Höchstmaß an Wirkung erzielen soll, nicht über ein bestimmtes Maß hinausgehen.

Schlußwort

In letzter Zeit wurde mir oft die Frage gestellt, ob und wie diese Forschungsarbeit sich auf mich und meinen Umgang mit anderen Menschen ausgewirkt habe. Selbstverständlich tendiere ich nach diesen detaillierten Studien dazu, das menschliche Verhalten unter erweiterten Aspekten zu betrachten. Ich geriet nicht nur ins Staunen, als ich die Verhaltenskoordinationen zweier Menschen quasi im Zeitlupentempo betrachtete, sondern ertappte mich auch immer wieder bei dem Versuch, unter Zuhilfenahme der durch diese Arbeit erworbenen Kenntnisse, „Verborgenes" entschlüsseln zu wollen.

Das kann im ungünstigsten Fall dazu führen, daß man das Verhalten des anderen, anstatt es subjektiv-intuitiv aufzunehmen, in ein objektiv-wissenschaftliches Schema zu zwängen versucht – und es möglicherweise völlig falsch interpretiert oder zumindest einige Aspekte stark überbewertet. Schnell wird dann aufgrund irgendwelcher, unmittelbarer körpersprachlicher Äußerungen des anderen um des Urteils willen geurteilt, oder um sich mit der eigenen Menschenkenntnis zu schmeicheln: „Er wendet sich also ab, jetzt schlägt er die Beine übereinander, verschränkt die Arme"... Man erinnert sich daran, wie sich etwa Goffman oder Kendon über eine ähnliche Körperhaltung geäußert haben: „Aha, er hat kein Interesse an mir..." Schnell wird der Beobachtete dann in ein Schema gezwängt, was nicht ohne Folgen bleibt. Glücklicherweise wird man sich bei der Interpretation jedoch auf das eigene Gefühl, auf die Intuition verlassen. Heute ist es nämlich unbestritten, daß die Körpersprache jedermann auch ohne einschlägige Vorbildung verständlich ist, sehen wir von graduellen Unterschieden einmal ab.

Dennoch entspricht es der ureigensten Neugier des Menschen, mehr über sich selbst erfahren, sozusagen auf „des Pudels Kern" stoßen zu wollen. Bücher, in denen typische Verhaltensweisen verständlich gemacht und erklärt werden, erfreuen sich daher großer Beliebtheit. Solange man die Beschreibungen menschlichen Verhaltens und deren mögliche Hintergründe betrachtet, ist dies sicherlich sehr interessant und aufschlußreich. Sobald man aber durch die Lektüre versucht, sein eigenes Verhalten und das des Mitmenschen zu manipulieren, läßt sich über die etwaigen Folgen streiten. Verhalten nach einer

Vorschrift: „Blicke geradeaus, vermeide diese oder jene Sitzposition, halte die Füße in jenem Winkel zueinander gestellt (etwa bei Vorstellungsgesprächen oder Vertreterbesuchen)", gleichsam auswendig gelernt und eingeübt, kann nebenbei auch recht lächerlich wirken. Sich sowohl in körperlicher als auch in sprachlicher Art auszudrücken, mag wohl zum Teil durch Übung und Erfahrung trainierbar sein, letzten Endes wird jedoch immer wieder die individuelle Persönlichkeit und Ausstrahlung durchschimmern und so das Gesamtbild maßgeblich färben.

Besonderes Augenmerk kommt der Körpersprache zu, wenn wir uns in einer kritischen, emotional aufgewühlten Situation befinden, einer Prüfung, einem Vorstellungsgespräch, einer Erstbegegnung – vor allem aber bei einem Flirt.

Die Publikationen zum Thema „Flirt" sind ebenso zahlreich wie im allgemeinen oberflächlich. Zahlreich, weil sich an der natürlichen Neugier der Menschen allemal gut verdienen läßt; oberflächlich, weil der spekulative und unwissenschaftliche Stil routinierter Fachbuchautoren allzu oft nur dem verständlichen Hang zum Spektakulären, zum Sensationellen folgt.

Manche Ratgeber scheinen ihre Leser mit gewissen Vorschlägen geradewegs zu verhöhnen. So wird beispielsweise zu täglichem Duschen geraten, will man seine Anziehungskraft auf das andere Geschlecht erhöhen.

Daß für viele die Partnersuche ein existentielles Problem darstellt, wird gerne zugunsten unsinniger Tricks zur „Anmache" vernachlässigt. Selbst wenn manche Hinweise für den einen oder anderen ganz lustig anzuwenden wären, werden die Erwartungen derer, die tatsächlich Hilfe suchen, nicht selten zutiefst enttäuscht. Dabei scheint es einen hohen Bedarf zu geben. So versuchen beispielsweise auch Flirtschulen Kapital aus der Kompliziertheit zwischenmenschlichen Verhaltens zu schlagen. In Wochendkursen wird jemandem da die „Technik" und „Fertigkeit" des Flirtens antrainiert, nach Aussagen des Flirtschulenleiters Peter Hollinger aus München bei manchem Kunden sogar mit Erfolg.

Während eines 12-stündigen Kurses lernt man, „an sich zu arbeiten", „Körbe" zu verdauen, leichter in die allzu schwierige Situation einer Kontaktanbahnung zu gehen. Hollingers Klienten kommen aus allen Schichten und Altersgruppen. Ihre Hauptprobleme liegen in erster Linie bei der Kontaktanbahnung, in der Angst vor einem möglichen „Korb". Da soll beispielsweise der Lottoschein helfen, den man „zufällig" in der Jackentasche mit sich umherträgt. Man fragt das erwählte Flirtopfer nach dessen Glückszahlen, und der Erfolg scheint vorprogrammiert.

Der starke Zulauf bei Eheanbahnungsinstituten ist ebenfalls ein Hinweis auf mangelnde Gelegenheiten oder oftmaliges Scheitern der Kontaktsuche. Bis zu 4000 DM lassen es sich selbst weniger wohlhabende Hilfesuchende kosten, um auf Video einschmeichelnd präsentierte, potentielle Partner zu mustern, wobei es sich bei diesen „Hilfesuchenden" durchaus nicht um Heiratswillige handelt, die mangels geringer eigener Attraktivität die computerermittelte Traumfrau suchen. Vielmehr stellt die Frage nach geeigneten Situationen das wesentliche Problem dar.

Jeder dürfte wissen, was er sich unter einem „einsamen Hasen" , auf der Suche nach „einem zärtlichen Fuchs zwecks gemeinsamer kuscheliger Überwinterung – Bau vorhanden–", vorzustellen hat. – „Wohlhabender Junggeselle will sich ändern.......„ER, dunkelbraun, sucht SIE ...."

Diese Bekanntschaftsannoncen haben mit Flirtbuch-„Rezepten" und Partnerschaftsvermittlungsstellen unter anderem ein Ziel gemeinsam: die Erleichterung der Kontaktanbahnung. Die Gefahr des Gesichtverlustes durch eine Ablehnung läßt sich auf diesem Wege zwar nicht ausschließen, aber zumindest verringern. So kann man bei einem von einem Eheanbahnungsinstitut organisierten Treffen davon ausgehen, daß der andere ähnliche Interessen hat wie man selbst. Das verringert sicherlich, wenn auch nur zum Teil, die Risikowahrnehmung. Vor allem bei Zeitungsannoncen, in denen man die atemberaubenden, wohlhabenden, mit allen nur erdenklichen positiven Attributen ausgestatteten Schönheiten greifbar nahe, schwarz auf weiß, vor sich liegen hat, entsteht bei den Kontaktsuchenden die Hoffnung, man habe nun endlich einen dem „Template" entsprechenden Idealpartner gefunden. In solchen Fällen dürfte die Erstbegegnung erst recht durch allzu große Erwartungen erschwert werden.

Die zahlreichen Tricks, Anweisungen oder gar Manipulationen, deren Ziel es ist, Kontaktanbahnungen zu erleichtern, werden im entscheidenden Moment, also während der ersten Sekunden der jeweiligen Begegnung, auf eine besonders harte Probe gestellt.

Wie ich in diesem Buch zu zeigen versucht habe, lassen sich schon während der ersten 30 Sekunden einer Begegnung bei beiden Beteiligten eindeutige Verhaltensweisen erkennen, die etwas über den mutmaßlichen Verlauf ihres Zusammentreffens aussagen, und zwar nicht nur für die Dauer von 10 Minuten, wie im Experiment, sondern durchaus über einen größeren Zeitraum hinweg. Affinitäten äußern sich in den synchron verlaufenden, feinmaschig vernetzten Formen des sprachlichen und nichtsprachlichen Verhaltens. Diese zu beobachten und minutiös zu analysieren, d. h. in ein Verhältnis zueinander zu setzen und ihre Bedingtheit zu erforschen, war der eigentliche Zweck dieser Untersuchung.

Selbst im kleinsten Rahmen, in dem wir menschliche Ausdrucksweisen analysieren, in unserem Fall das Blick- und Sprachverhalten, lassen sich binnen kürzester Zeit bestimmte Verhaltensweisen beobachten, die in enger Beziehung zum momentanen Gefühlszustand stehen. Gerade die Blickvermeidung bei Unsicherheit widersteht meines Erachtens oberflächlichen Trainingskonzepten oder Ratschlägen des Typs: „schauen Sie ihr tief in die Augen", wenn sie nicht von der Basis, also von den Ursachen für die Unsicherheit her, angegangen werden.

Bei der Suche nach beobachtbaren Kriterien für die so gern gebrauchte Redewendung „Liebe auf den ersten Blick" stieß ich zudem auf das Phänomen, daß der erste Eindruck in uns sofort diverse Strategien in Bewegung setzt, die unserer tiefsitzenden Angst vor einem Gesichtsverlust entgegenwirken sollen. Dabei konnte ich einen interessanten Geschlechtsunterschied feststellen, den ich auf soziobiologischer Ebene diskutierte: Die mangelnde Selbstsicherheit, die beim Mann bereits während der ersten 30 Sekunden zum Rückzug, bei der Frau hingegen zur verstärkten Kontaktsuche führt. Hierbei ist bereits berücksichtigt, daß sich die Teilnehmer unseres Experiments in einem noch recht jugendlichen Alter befanden, in einem Alter, in dem die geschlechtsspezifischen Werbestrategien noch unausgewogener verteilt sind als zu einem Zeitpunkt, in dem z. B. der Mann sich durch den für die Frau doch recht wichtigen sozialen Status, z. B. durch berufliche und finanzielle Erfolge, „Rückendeckung" erhoffen kann. Frauen hingegen, darauf weisen alle wissenschaftlichen Untersuchungen einhellig hin, schöpfen ihr Selbstbewußtsein vorwiegend aus ihrer Attraktivität, ihrem äußeren Erscheinungsbild. Diese beiden effektivsten Strategien waren jedoch aus den genannten Gründen zum Zeitpunkt unseres Flirtexperiments bei unseren Schülern unausgewogen verteilt.

Ich habe in meinem Bekanntenkreis nicht selten beobachten können, wie sehr Männer nach Abschluß ihrer Ausbildung mit einer Betonung ihres neuen Status in Gegenwart einer Frau frühere negative Erfahrungen, die „Körbe", zu kompensieren versuchten. Das Autotelephon wird nach meinen Beobachtungen gerne dann bedient, wenn man Seite an Seite an der Ampel auf Grünlicht wartet. Der verstohlene Seitenblick spricht oftmals Bände.

Interessant wären daher sicherlich weitere Untersuchungen in einer anderen Altersgruppe, in der sich die Geschlechter auf einer ausgewogeneren Ebene „umgarnen" können.

Befaßt man sich mit all den Dingen, die der Attraktivitätssteigerung dienlich sind, denkt man an den Aufwand, den man betreibt, um die Aufmerksamkeit des anderen Geschlechts auf sich zu ziehen, resümiert man die vielen Momente eines erfolgreichen „ersten Blicks", wenn dieser erwidert wird, und stellt diesem die sicherlich oftmals erlebte schmerzliche „Abfuhr" entgegen, so gelangt man zu der Erkenntnis, daß der Erstkontakt, die Kontaktanbahnung, der erste Eindruck, im zwischenmenschlichen Erleben ebenso komplizierte wie komplexe Ereignisse darstellen, nicht zuletzt, weil sie von der unwiederholbaren Individualität der jeweils Beteiligten bestimmt werden. Gerne würde ich „Tips" verraten, wie man sich in dieser schwer steuerbaren und überschaubaren Situation, in der es auf so vieles ankommt, am erfolgreichsten verhält. Mehr zu vermitteln als eine Sensibilisierung für die Hintergründe solcher Abläufe, ist mir jedoch nicht möglich. Es würde schließlich bedeuten, den fragwürdigen Versuch zu unternehmen, das Menschlichste am Menschen, seine Gefühle und wesensbedingten Reaktionen, faßbar und berechenbar machen zu wollen.

Ich werde öfter gefragt, ob ich durch meine jahrelange Beschäftigung mit dem „ersten Blick" nicht einen „Nutzen" aus meinen Studien habe ziehen können, etwa in emotional angespannten Situationen. Ich stelle fest, daß ich unverändert „menschlich" geblieben bin.

Vielleicht habe ich das eine oder andere Mal einen möglichen „Nutzen" im Kopf, aber er stolpert über meine Gefühle.

Möglicherweise fühlt sich einer meiner Forscherkollegen in Zukunft bemüßigt, einmal eine exakte neurologisch-biochemische Analyse darüber zu erstellen, wie es ist, wenn ein Mensch sich verliebt. Selbst wenn dies gelingt: Er selbst wird mit all seinem Wissen trotzdem einsehen müssen, daß der Atem stockt, das Herz klopft, die rechten Worte sich nicht einstellen wollen und die Knie weich werden – noch immer.

Anmerkungen

1 „The seeming preexistence of this template and the desire to reshape the real person to fit it both suggest that the template is neurophysiologically quite real. Somehow – and what triumph it would be to explain how! – the human brain contains in neurophysiologically coded form a specific prot-image of a woman who, once seen, and I stress seen, will trigger off an immense network of thoughts and emotions..." (Perper, 1985, S. 15 f)
2 Sabatelli und Rubin (1986)
3 McBride, King, James (1965)
4 Taylor und Glenn (1976), Hill et al. (1987)
5 Vandenberg (1972), Jensen (1978), Johnson et. al. (1980), Reed und Reed (1965)
6 Dutton und Aron (1974)
7 Byrne, Ervin, Lamberth (1970)
8 Snyder (1974)
9 „Finally, as outcome dependency upon another increased, so did the tendency to evaluate the other more confidently and with more extreme ratings on a variety of traits, and be more attracted to the other as indicated both by the positively of trait ratings of the other and by self-report of attraction to the other." (Berscheid, Graziano, 1979, S. 47).
10 Berger und Calabrese (1975)
11 Burgess und Wallin (1953), Rubin (1973), Folkes (1982)
12 Siehe Anmerkung 4
13 Warren (1966)
14 Burgess und Wallin (1953), Buss (1984)
15 Hill et al. (1976), Rushton und Nicholson (1988)
16 Rushton et al. (1984), Hill et. al. (1976)
17 Clarke (1952)
18 Kiser (1968)
19 Berscheid (1985)
20 Shotland (1989)
21 „The evidence presented here is compatible with the view that friends choose each other partly on the basis of genetic similarity. The blood antigen data clearly show that, on average, friendships dyads are genetically more similar to each other than to random pairs from the same sample. The fact that similarity is greater on the more genetically influenced components of traits than on the environmentally influenced ones suggests that positive assortement is genetically mediated." (Rushton, 1989, S. 369).
22 „At least as operationalized in the present investigation, variables such as physical attractiveness and similarity of attitudes and personality characteristics are found to influence attraction in a highly predictable manner." (Byrne et al, 1970)
23 „Arousal and attraction were positively related when subjects saw a similar stranger and negatively related when they encountered a dissimilar stranger." (Clore u. Gormly, 1977, S. 199)
24 Aronson und Worchel (1966)
25 unveröffentlichtes Manuskript (1979)
26 Mueser et.al. (1984)
27 Staffieri (1967)

28 Lavrakas (1975)

29 „The overall trend of the results suggests that ... the traditional image of an ideal muscleman holds little attention for most women." (Lavrakas, 1975 S. 332)

30 Dion und Stein (1978), Finck (1981)

31 „The only important determinant of S's liking for his date was the date's physical attractiveness." (Walster et al.,1966, S. 508).

32 „Finally, while it is clear that the results reported here are consistent with the hypothesis that men with low self-acceptance feel threatened by non-traditional women ..." (Grube et al.,1982, S. 111)

33 „... high uncertainity levels at the beginning of the encounter lower the amount of verbal communication during that period." (Berger und Calabrese, 1975, S. 102)

34 Universalien: Bei allen Menschen, ganz gleich welcher Rasse oder Kultur, im gleichen Kontext vorkommende Verhaltensweisen, welche auch die gleichen Reaktionen auslösen, die gleiche Bedeutung haben und gleich verstanden werden (aus: Heymer, 1977)

35 Grammer (1982)

36 Argyle et. al. (1971)

37 Mehrabian (1972)

38 Brown und Lewinson (1978)

39 Beispiel von Grammer

40 Bühler (1934)

41 Heeschen (1987)

42 Phatische Kommunikation: „a type of speech in which ties of union are created by a mere exchange of words that fulfill a social function ... they are neither the result of intellectual reflection, nor do they necessary arouse reflection in the listener ..." (Malinowski, 1963, S. 314)

43 Boomer (1963), Boomer und Dittman (1964)

44 Goldman-Eisler (1967)

45 Jurich und Jurich (1974)

46 Harper, Wiens und Matarazzo (1978)

47 Meltzoff und Moore (1983)

48 Shrout und Fiske (1981), La Crosse (1975)

49 „This is to suggest that initial encounters with nonverbally expressive individuals may result in more favorable first impressions in that some of the uncertainties and risks inherent in initial interpersonal exchanges may be reduced by the greater availability of interpersonal information." (Sabatelli und Rubin, 1986, S. 131).

50 Ekman (1965)

51 Zuckerman et. al. (1976)

52 „Low-competence subjects reported having observed as many of the nonverbal messages as the high-competence subjects, but failed to respond to them ... No difference was found between groups for level of anxiety experienced during the interaction." (Christensen et al., 1980,S. 146)

53 Sperry und Preilowsky (1972)

54 „Nevertheless, there is enough anecdotal information to hypothesize that the verbal and nonverbal systems have different origins in the brain. For one thing, the consciousness of control of these systems is different. Language is voluntary and conscious, while nonverbal behavior is usually out-of-awareness (except, of course, when it is brought into awareness)". (Key, 1980, S. 26)

55 Kummer (1968)
56 Exline und Yellin (1976)
57 Stongman und Champness (1968)
58 Izard und Walker (1974)
59 Breed und Porter (1972), Argyle und Dean (1965), Coutts und Schneider (1973)
60 Argyle et al. (1968)
61 Kendon (1967)
62 Kendon und Cook (1969), Rubin (1970)
63 Pellegrini et al. (1970), Mehrabian (1969)
64 „Subjects did not discriminate between high and low attractive interviewers, exept that the latter were rated disproportionately low on attentiveness if they did not gaze. Interviewers with high rates of talking were preferred over interviewers with low rates of talking. It was concluded that interpersonal attraction is related to gaze and physical attractiveness through a number of mediating variables which will have to be isolated more specifically in future research." (Kleinke et al., 1975, S. 115)
65 Breed und Porter (1972)
66 Ellsworth und Carlsmith (1968)
67 Kleinke et al. (1975)
68 „It was suggested that males may need certain encouragement and that this encouragement is most likely to be effective when it is both repeated and when it is delivered by multiple nonverbal channels" (Walsh, Hewitt, 1985, S. 873).
69 zitiert in: Argyle und Cook (1976, S. 3)
70 Jurich und Jurich (1974)
71 Eibl-Eibesfeldt (1984)
72 Exline, Gray, Schuette (1965), Exline und Winters (1965), Russo (1975), Libby und Yaklevich (1973), Kagan und Lewis (1965)
73 Harper et al. (1978)
74 Argyle, Lalljeee, Cook (1968)
75 Perper (1985): „However, throughout human history and throughout the history of all organisms over millenia of evolutionary time, biology has ruled life. These ruling biological processes do not operate or control us through „instincts" or other ethnobiological concepts. Instead, biology lays down the absolute and inescapable prerequisites for life to continue." (1985, S. 52 f).
76 „Courtship is an interpenetrating biological and cultural process that comes into existence as two people respond to each other ... Courtship is biological and emotional and behavioral all at once, without any seam or division between what otherwise might appear to be very different universes if human experience. They are all simply facets of one and the same process." (Perper, 1984, S. 94)
77 Trivers (1972)
78 Peplau et al. (1977)
79 Bardwick (1970), Crain und Roth (zitiert in : Gross, 1978), Rainwater (1965)
80 im Druck. Erscheint in Feierman J.: Pedophilia – Biosocial dimensions. Springer Verlag
81 „I would like to speculate that there also exists a male sexual dominance lust – the female counterpart would be a lust of submission as part of our archaic heritage. It still plays a significxant role in normal human sexual behavior, but supplemented and controlled by the phylogenetically newly aquired love or affiliative sexuality." (Eibl-Eibesfeldt, 1988, S. 6)

82 Reiss et al. (1960), Hatkoff und Luswell (1977), Heer (1962), Turk und Bell (1972)
83 Hinde (1984)
84 „Courtship can be analized as a process by which intimate relationships, which may come to involve sexual commitments, are created." (Givens, 1978, S. 346).
85 Kruck (Diplomarbeit München 1989)
86 Goffmann (1977), Scheflen (1965)
87 Schleidt, M. (persönl. Mitteilung)
88 „As the conversation continued, they began to synchronize their drinking, lifting and lowering their glasses in unision ... He held his drink in his right hand, and she her drink in her left hand, in morror synchrony ... She started to lift her glass, and he immediately followed suit, so that by the time their glasses were fully lifted, they were drinking in synchronization." (Perper, S. 82 f).
89 „The predicted effect that men misperceive friendliness from women as seduction, appears to be merely one manifestion of this broader male sexual orientation." (Abbey, 1982, S. 837)
90 Zellmann und Goodchilds (1983)
91 Glasgow und Arkowitz (1975)
92 Buss (1988)
93 Argyle et al. (1968)
94 Bilous und Krauss (1988), Zimmerman und West (1975), Dittmann (1972)

Anhang

1. Auswertungskriterien

Zur Auswertung des Blickverhaltens

1. Der erste Blick:
Wer sah den anderen als erster an, gleichgültig ob es zu einem anschließenden Blickkontakt kam oder nicht.
2. Dauer bis zum ersten Blick:
Wie lange dauerte es bis zum ersten Blick? Ich zählte hier die Sekunden ab dem Zuklinken des Türschlosses, nachdem ich den Versuchsraum verlassen hatte.
3. Blickinitiative:
Im Falle eines Blickkontakts berücksichtigte ich, wer ihn initiiert hatte.
4. Blickkontaktlänge:
Ich maß die Dauer der gegenseitigen Zuwendung der Gesichter (mutual gaze) in Sekunden.
5. Blickkontakthäufigkeit:
Wie oft sahen sich die Gesprächspartner während der Versuchsdauer an?
6. Blickkontaktabbruch:
Wer brach den Blickkontakt als erster ab?

Zur Auswertung der sprachlichen Äußerungen

7. Gespächseröffnung:
Wer sagte das erste Wort? Die Gesprächseröffnung implizierte jedoch nicht unbedingt das Zustandekommen eines Gesprächs.
8. Einwortäußerungen:
Zunächst einige Beispiele für die Einwortäußerungen (unterstrichen):

ja, schau mal
kann sein, ja
ne, Bilanzgleichung haben wir nicht
ach, des haben wir schon
ja aber, aber, ich wundere mich
ja, nei, ich hab, ich bin zurückgegangen

ach? ei, des sieht garnet so aus
Licht, was is'n des, da, der Faden, hey, weißt du, wie des ausschaut, echt (lacht) ey

Es handelt sich bei den Einwortäußerungen um nominale Äußerungen und um Partikel, in erster Linie Interjektionen (ey, ach, hey), die zum einen Fragen, sowie deren (Kurz-) Beantwortung ausdrücken; zum anderen wirken sie als Verstärker und Interessensbekundung für den Sprecher, der die „mhm's" und „ah's" als positive Verstärker (Feedbacks) für sich verbuchen kann. Sprachverzögerungen (Hesitationsphänomene), sowie Selbstkorrekturen werden ebenfalls oft in Form von Einwortäußerungen vollzogen.

9. Zweiwortäußerungen:

der freche da, ja stimmt
kann sein, ja
schau mal, das is'n, is'n, is'n, is'n Wolke
ja aber, aber ich wundere mich
nei, ich hab, ich bin zurückgegangen
ach ne, ich weiß nicht
der ist total doof, aber stimmt, jeder Beobachter sollte...
ja ja, na ja, ah ja, ach so

Wie man sieht, handelt es sich bei den Zweiwortäußerungen um begonnene Sätze, die nicht zu Ende gesprochen worden sind, um kurze Antworten sowie zum Teil auch um kombinierte Partikel.

10. Dreiwortäußerungen:

Beispiele:

das is'n, is'n , is'n Wolke, oder?
ach, des haben wir schon, haben wir schon, wir sind jetzt bei
das habt ihr alles gelernt, ist ja lustig
ja und jetzt, bist du in der zwölften?
ach ne, ich weiß nicht, mir gefällt's nicht
nicht irgendwie streng?
mit der bin ich heute hergefahren, in der Früh, des Auto ist nicht angesprungen
von wegen super, und dann nnnnn, Batterie leer
hast ihn vielleicht auf dem Parkplatz stehen sehen, den kleinen Suzuki...
jaja, ich kenn schon
aus welcher da?

na, im Gymnasium net, in die Hauptschule
seid ihr zwölfte?

Den Dreiwortäußerungen fehlen in erster Linie das Subjekt oder das Prädikat. Sie bestehen in der Mehrzahl aus Äußerungen, die keine inhaltliche Abgeschlossenheit, welche sich aus dem Subjekt und Objekt ergibt (siehe Handbuch für Linguistik, 1975) aufweisen. Ich bezeichne die Dreiwortäußerungen somit auch als „unvollständige Sätze", da ein (vollständiger) Satz: „eine Verbindung von Wörtern ist, die einen in sich abgeschlossenen Gedanken darstellt" (Techne, 11, aus dem Handbuch für Linguistik, 1975, S. 365).

11. Äußerungen mit mindestens vier Wörtern (ganze Sätze):

Diese Kategorie beinhaltet die Äußerungen, die aus mehr als drei Wörtern bestehen. Auch hier berücksichtige ich nicht die grammatikalische Korrektheit der Sätze.

so eine Videoszene, oder was weiß ich
von wo seid's ihr?
weißt du, wo Königswiesen ist?
immer abzählen, und jeder zweite wird zum Versuch herg'nommen

Bei längeren Satzreihen zählen zu dieser Kategorie jene Spracheinheiten, die durch Sprechpausen und meinem subjektiven Eindruck nach trennbar waren, etwa bei:

a) kopulativen Satzverbindungen, wenn die beiden Hauptsätze ohne logische Verbindung nur aneinandergereiht und nebeneinandergestellt wurden:

ja aber, aber's jeder kommt das nicht, die Silvy drückt sich unter Garantie, die kommt unter Garantie nicht dran

b) adversative Satzverbindungen, wenn der Sachverhalt des zweiten Hauptsatzes dem des ersten entgegengesetzt war:

dann bleibt das Ganze nicht mehr objektiv, derweil ist des immer subjektiv

c) bei kausalen Satzverbindungen, jedoch nur dann, wenn das kausale Verhältnis nicht durch eine Konjunktion (denn) oder einem Konjunktionaladverb (nämlich) hergestellt wurde:

wir haben dann auch noch so Witze gemacht, es war so lustig

d) bei konsekutiven Satzverbindungen, die durch Konjunktionaladverbien (also, deshalb, deswegen) ausgedrückt wurden:

ich bin zu spät gekommen, deshalb habe ich mich verirrt

Bei diesen Sätzen sind beinahe immer Subjekt und Prädikat vorhanden. Äußerungen, die in diese Kategorie fallen, bezeichne ich daher als vollständige, beziehungsweise „ganze Sätze" (siehe obige Definition des Satzes).

12. Gesamtwortzahl:
Die Gesamtwortzahl setzt sich aus der Summe aller gesprochenen Wörter der Interaktionsteilnehmer zusammen.

13. Lächeln und Lachen:
Ausgewertet wurde hier stimmhaftes Lachen sowie das Lächeln, jedoch nur dann, wenn sich die Gesprächspartner beim Lächeln ansahen.

Die folgenden ausgewerteten Verhaltensweisen beziehen sich auf die ersten beiden Minuten

14. Länge der Gesprächspausen während der ersten dreißig Sekunden:
Als Gesprächspause bezeichne ich in dieser Untersuchung eine Unterbrechung von mehr als drei Sekunden, da die Störungen des Redeflusses, die nicht zum Kommunikationsabbruch führten, die Dauer von drei Sekunden in der Regel nicht überschritten haben.

15. Länge der Pausen während der ersten beiden Minuten:
Hierzu zählen die Gesprächspausen während der ersten beiden Minuten, mitinbegriffen sind demnach auch die Pausen der ersten dreißig Sekunden.

16. Häufigkeit der Pausen während der ersten beiden Minuten:
Anzahl der Pausen während der ersten beiden Minuten.

17. Gesprächsaufnahme nach den Pausen:
Welcher Gesprächsteilnehmer beendete jeweils die Pausen?

18. Anzahl der Fragen:
Wer stellte seinem Partner während der ersten beiden Minuten wieviele Fragen?

Verhaltensweisen während der übrigen acht Minuten

19. Länge der Gesprächspausen während der acht Minuten.

20. Häufigkeit der Gesprächspausen während der acht Minuten.

All diese Variablen wurden sowohl miteinander als auch mit denen des Fragebogens korreliert.

2. Definitionen

Attraktivität: die Anziehungskraft, die jemand/etwas besitzt.

attraktiv sein: (bezieht sich auf die Definition des Dudens, 1982) so beschaffen, aussehen, daß es begehrenswert, anziehend wirkt, besonderen Reiz ausübt.

Attraktivitätsbeurteilung: Die Einschätzung der Attraktivität des Partners. Im Fragebogen erfaßt durch die Frage Nr. 1 und zweiter Teil von Nr. 11).

Bereitschaft: Der Grad des Interesses, mit dem anderen ins Kino zu gehen und ihm die Telephonnummer zu geben.

Beschwichtigung: Verhaltensweisen, die den Aggressionstrieb von Artgenossen neutralisieren oder ablenken und eine Umwirkung bewirken. Während Drohgebärden in erster Linie auf einige Entfernung hin der Distanzierung dienen, ist es Aufgabe von Demuts- und Beschwichtigungsgebärden, artschädigenden Kampf bei naher Distanz zu verhindern...In der Paarbindung dienen Beschwichtigungsgebärden oft der gegenseitigen Duldung der Partner. In diesem Sinne kann auch das Lächeln des Menschen als Beschwichtigungsgebärde betrachtet werden. (Heymer)

Dominanzverhalten: Demonstration der Überlegenheit zur Erlangung oder Erhaltung einer dominierenden alpha-Stellung innerhalb einer sozialen Gemeinschaft.

erster Eindruck: Eine innere Einstufung, wobei die Person nach Persönlichkeit, Attraktivität, sozialem Hintergrund und Ähnlichkeit klassifiziert und in Abhängigkeit von einem inneren Suchbildes eingestuft wird.

Erstkontakt: Zusammentreffen zweier sich gänzlich unbekannter Menschen. Das heißt: sie haben sich noch nie vorher gesehen oder voneinder gehört.

Humanethologie: Ein spezieller, rezenter Zweig der allgemeinen Verhaltensforschung, der versucht, das menschliche Verhalten mit Hilfe der an der Tierethologie gewonnen Methoden zu untersuchen. Die Entdeckung der Ethologen, daß stammesgeschichtlich vorprogrammierte Gesetzmäßigkeiten das Verhalten von Tieren in entscheidender Weise bestimmen, eröffnet auch für die Erforschung menschlichen Verhaltens neue Perspektiven. Die Humanethologie hat sich zur Aufgabe gestellt, die stammesgeschichtlichen Grundlagen unseres Verhaltens zu erforschen und mit Hilfe des Kulturenvergleichs in den komplizierten Verhaltensweisen des Menschen den Anteil des Angeborenen zu eruieren (Heymer).

Imponierverhalten: Verhaltensweisen gegenüber Rivalen oder gegenüber dem Fortpflanzungspartner, oft auch in Anwesenheit des Fortpflanzungspartners die den oder die Rivalen beeindrucken sollen. Im Imponierverhalten sind oft Angriffs- und Flucht- bzw. Verteidigungstendenzen überlagert. Dies ist auch beim Menschen der Fall, wie Eibl-Eibesfeldt nachweisen konnte. Ein interessantes Imponierverhalten vieler Primaten, den Menschen eingeschlossen, gegenüber Artgenossen ist das Genitalpräsentieren. (Heymer)

Infantilismus – infantile Verhaltensweisen: Rückfall in kindliche Verhaltensweisen, insbesondere im Zusammenhang mit der Werbung oder Demutsgesten ... Die „Verhaltensuhr" läuft zurück bis zum Saugen an der Brust. Ein solches Regressionsverhalten steht beim Menschen offenbar im Dienste der Paarbildung. (Heymer)

Interesse: siehe Bereitschaft

Kopulation – geschlechtliche Vereinigung: Bei Einzellern und mehrzelligen Tieren der Vorgang des Verschmelzens der männlichen und weiblichen Geschlechtsorgane (Begattung) zur Herbeiführung einer Befruchtung oder Besamung ... Beim Menschen kennen wir neben der zur Befruchtung und Fortpflanzung führenden Kopulation noch die *Bindungskopulation,* welche ausschließlich im Dienste der Partnerbindung steht. (Heymer)

Risikowahrnehmung: Die Angst, von dem anderen zurückgewiesen zu werden, das Gesicht zu verlieren. Bei unserem Experiment erfaßt durch die Fragen 6 und 7 des Fragebogens.

Selbsteinschätzung: Die Einschätzung der eigenen Attraktivität, bei unserem Experiment erfaßt durch den ersten Teil der Frage 11 des Fragebogens.

Submission – submissives Verhalten – Demutsverhalten: Verhaltensweisen der Unterwerfung, um den Angiff zu verhindern; sich defensiv zeigen...Die in diesem Sinne entwickelten Demutsstellungen sind Körperhaltungen, die ein Tier annimmt, wenn es sich, z. B. im innerartlichen Rivalenkampf, geschlagen gibt. Sie sind angeboren und enthalten oft Elemente kindlichen oder sexuellen Verhaltens. Verwundbare Körperstellen werden ungeschützt dargeboten, Waffen wie Zähne, Geweih, Hörner usw. demonstrativ weggedreht... Auch in menschlichen Verhaltensweisen zeigt sich die Demutsstellung, hier aber ritualisiert in Form von bestimmten Begrüßungsformen: Verbeugung, Knicks, Ziehen des Hutes, Niederknien, Niederwerfen. (Heymer)

Universalien: Bei allen Menschen, ganz gleich welcher Rasse oder Kultur, im gleichen Kontext vorkommende Verhaltensweisen, welche auch die gleiche Bedeutung haben und gleich verstanden werden, bezeichnet man in der Ethologie als Universalien. (Heymer)

Literatur

Abbey, A. (1982): Sex differences in attributions for friendly behavior: Do males misperceive females' friendliness? Journal of Personality and Social Psychology, 42, 830–838.

Abbey, A., Melby, C. (1986): The effects of nonverbal cues on gender differences in perceptions of sexual intent. Sex Roles, 15, 283–298.

Argyle, M. (1972): Non-verbal communication in human social interaction. In: Hinde, R.A. (ed.): Non-verbal communication. 243–269, Cambridge Cambridge University Press.

Argyle, M. (1976a): Bodily communication. London: Methuen & Co. Ltd.

Argyle, M., Cook, M. (1976): Gaze and mutual gaze. Cambridge: Cambridge University Press.

Argyle, M., Dean, J. (1965): Eye-contact, distance, and affiliation. Sociometry, 28, 289–304.

Argyle, M., Alkema, F., Gilmour, R. (1971): The communication of friendly and hostile attitudes by verbal and non-verbal signals. European Journal of Social Psychology, 1, 385–402.

Argyle, M., Lalljee, M., Cook, M. (1968): The effects of visibility on interaction in a dyad. Human relations, 21, 3–17.

Aronson, E., Worchel, S. (1966): Similarity versus liking as determinants of interpersonal attractiveness. Psychonomic Science, 5, 157–158.

Barclay, A. M., Haber, R. N. (1965): The relation of aggressive to sexual motivation. Journal of Personality, 33, 462–475.

Bardwick, J. M. (1970): Psychological conflict and the reproductive system. In: Bardwick, J. M., Douvan, E., Horner, M. S., Gutman, D. (eds.): Feminine personality and conflict: Monterey, CA (Brooks/Cole).

Bar-Tal, D., Saxe, L.: Perception of similarly and dissimilarly attractive couples. Journal of Personality and Social Psychology, 76, Vol. 33.

Beck, S. B., Ward – Hull, C. I. (1976): Variables related to women's somatic preferences of male and female body. Journal of Personality and Social Psychology, 34, 1200–1210.

Bell, R. A., Daly, J. A. (1984): The affinity-seeking function of communication. Communication Monographs, 51, 91–115.

Berger, C. (1979): Beyond initial interaction: Uncertainity, understanding, and the development of interpersonal relationship. In: Giles, H., Clair, R. (eds.): Language and Social Psychology. Oxford: Basil Blackwell, 122–144.

Berger, C., Calabrese, R.J. (1975): Some explorations in initial interaction and beyond: Toward a developmental theory of interpersonal communication. Human Communication Research, 1, 99–113.

Berscheid, E. (1985): Interpersonal attraction. In: Lindzey, G., Aronson, E. (eds.): Handbook of Social Psychology. New York: Random House.

Berscheid, E., Graziano, W. (1979): The initiation of social relationships and interpersonal attraction. In: Burgess, R. L., Huston, T. L.: Social exchange in developing relationships. New York, San Francisco: Academic Press, 31–59.

Bilous, F. R., Krauss, R. M. (1988): Dominance and accomodation in the conversational behavior of same- and mixed-gender dyads. Language and Communication, 8, 183–194.

Boomer, D. S. (1963): Speech dysfluencies and body movement in interviews. Journal of Nervous and Mental Desease, 136, 263–266.

Boomer, D. S., Dittmann, A. T. (1964): Speech rate, filled pause, and body movement in interviews. Journal of Nervous and Mental Disease, 139, 324–327.

Breed, G., Porter, M. (1972): Eye contact, attitudes, and attitude change among males. Journal of Genetic Psychology, 120, 211–217.

Brown, T. A., Cash, T., Noles, S. (1986): Perceptions of physical attractiveness among college students: Selected determinants and methodological matters. The Journal of Social Psychology, 126(3), 305–316.

Brown P., Levinson, St. (1978): Universals in language usage: Politeness phenomena. In: Goody, E. N. (ed.): Questions and politeness strategies in social interaction.– Cambridge/New York: Cambridge University Press.

Bühler, K. (1934): Sprachtheorie. Stuttgart: Fischer, 2. Auflage, 1965.

Burgess, E. W., Wallin, P. (1953): Engagement and marriage: Lippincott.

Buss, D. M. (1984): Marital assortment for personality dispositions: Assessment with three different data sources. Behavior Genetics, 14, 111–123.

Buss, D. M. (1985): Human mate selection. American Scientist, 73, 47–51.

Buss, D. M. (1988): The evolution of human intrasexual competition: Tactics of mate attraction. Journal of Personality and Social Psychology, 54, 616–628.

Buss, D. M., Barnes, M. (1986): Preferences in human mate-selection. Journal of Personality and Social Psychology, 50 (3), 559–570.

Byrne, D., Ervin, C. R., Lamberth, J. (1970): Continuity between the experimental study of attraction and real life computer dating. Journal of Personality and Social Psychology, 16, 157–165.

Christensen, D., Farina, A., Bondreau, L. (1980): Sensitivity to nonverbal cues as a function of social competence. Journal of Nonverbal Behavior, 4, 146–156.

Clarke, A. C. (1952): An examination of the operation of residental propinquity as a factor in mate selection. American Sociological Review, 17, 17–22.

Clore, G., Gormly, J. (1977): Knowing, feeling, and liking. In: Duck, S. (ed.): Theory and practice in interpersonal attraction. London, New York, San Francisco: Academic Press, 187–200.

Clore, G., Wiggins, N. H., Itkin, I. (1975): Judging attractiveness from nonverbal behavior: The gain phenomenon. Journal of Consulting and Clinical Psychology, 43, 491–497.

Condon, J. W., Crano, W. D. (1988): Inferred evaluation and the relation between attitude similarity and interpersonal attraction. Journal of Personality and Social Psychology, 54, 789–797.

Cook, M. (1981): Social skill and human sexual attraction In: Cook, M. (ed.): The bases of human sexual attraction. London: Academic Press, 144–177.

Coutts, L. M., Schneider, F. W. (1973): Visual behavior in an unfocused interaction as a function of sex and distance. Journal of Experimental Social Psychology, 11, 64–77.

Cranach, M.v. (1971): The role of orienting behavior in human interaction. In: Esser, A. H.(ed.): Behavior and environment: The use of space by animals and men. New York: Plenum Press, 217–237.

Cranach, M.v., Kalbermatten, U., Indermühle, K., Gugler, B. (1980): Zielgerichtetes Handeln. Bern, Stuttgart, Wien: Huber Verlag.

Darwin, C. (1871): The descent of man and selection in ratio to sex. London: John Murray.
Darwin, C. (1872): The expression of the emotions in man and animals. Chicago: University of Chicago Press.
Daucher, H. (1967): Künstlerisches und rationalisiertes Sehen. Gesetze der Wahrnehmung und Gestaltens. Schriften der Pädagogischen Hochschule Bayerns. München: Ehrenwirth Verlag.
Dion, K., Stein, S. (1978): Physical attractiveness and interpersonal influence. Journal of Experimental Social Psychology, 14, 97–108.
Dittmann, A. T. (1972): Developmental factors in conversational behavior. Journal of Communication, 22, 404–423.
Dovidio, J. F., Ellyson, S. L., Keating, C. F., Heltman, K., Brown, C. E. (1988): The relationship of social power to visual displays of dominance between men and women. Journal of Personality and Social Psychology, 54, 233–242.
Duncan, S. D., Jr. (1969): Nonverbal communication. Psychological Bulletin, 72, 118–137.
Dutton, D. G., Aron, A. P. (1974): Some evidence for heightened sexual attraction under conditions of high anxiety. Journal of Personality and Social Psychology, 30 (4) 510–517.
Eibl-Eibesfeldt, I. (1967): Concepts of ethology and their significance for the study of human behavior. In: Stevenson, H. W. (ed.): Early behavior, comparative and developmental approaches. New York: Wiley, 127–146.
Eibl-Eibesfeldt, I. (1970): Männliche und weibliche Schutzamulette im modernen Japan. Homo, 11, 175–188.
Eibl-Eibesfeldt, I. (1972): Similarities and differences between cultures in expressive movements. In: Hinde, R. A. (ed.): Nonverbal communication. Cambridge: Cambridge Universitiy Press, 297–312.
Eibl-Eibesfeldt, I. (1975): Ethology: The biology of behavior (2nd Ed). London: Holt, Rinehart, & Winston.
Eibl-Eibesfeldt, I. (1979a): Functions of ritual. Ritual and ritualisation from a biological perspective. In: Cranach, M., v., Foppa, K., Lepenies, W., Ploog, G. (eds.): Human ethology: Claims and limits of a new discipline. London: Maison des sciences de l'Homme and Univ. Press, 3–93.
Eibl-Eibesfeldt, I. (1980): Elementare Interaktionsstrategien. Gruppendynamik, 11, 273–296.
Eibl-Eibesfeldt, I. (1984): Die Biologie des menschlichen Verhaltens. München: Piper.
Eibl-Eibesfeldt, I. (1987): Jahrbuch der Max-Planck-Gesellschaft.
Eibl-Eibesfeldt, I. (1988): Dominance, Submission, and love: Sexual pathologies from an ethological perspective. Zeitschrift für Sexualwissenschaft, 3–8.
Eibl-Eibesfeldt, I. (in print): Dominance, submission and love. Sexual pathologies from the perspective of Ethology. In: Feierman, J. R., Lancaster, J. B. (eds.): Adult human behavior with children and adolescents. New York: Hawthorne.
Ekman, P. (1965): Communication through nonverbal behavior: A source of information about an interpersonal relationship. In: Tomkins, S. S., Carroll, E. I.(eds.): Affect, cognition, and personality. New York: Springer Publishing Company.

Ellsworth, P. C., Carlsmith, J. M. (1968): Effects of eye contact and verbal content on affective response to a dyadic interaction. Journal of Personality and Social Psychology, 10, 15–20.

Ellyson, S. L. (1973): Visual interaction and attraction in dyads with legitimate power differences. Zit. in: Pliner, P., Krames, L., Alloway, T. (eds.): Nonverbal communication of aggression. New York, 1975, Plenum Publishing, 21–51.

Elsner, K. (1983): Wie man eine Frau aufreißt. München: Heyne.

Exline, R. V. (1963): Explorations in the process of person perception: Visual interaction in relation to competition, sex, and the need for affiliation. Journal of Personality and Social Psychology, 31, 1–20.

Exline, R. V., Gray, G., Schuette, D. (1965): Visual behavior in a dyad as affected by interview content and sex of respondent. Journal of Personality and Social Psychology, 1, 201–209.

Exline, R. V., Winters, L. C. (1965): Affective relations and mutual glances in dyads. In: Tomkins,S. S., Izard, C. (eds.): Affect, cognition and personality. London: Tavistock.

Exline, R. V., Yellin, A. (1976): Eye contanct as a sign between man and monkey. Zit. in: Argyle, M., Cook, M.: Gaze and mutual gaze. Cambridge: Cambridge Universitiy Press.

Finck, H. T. (1981): Romantic love and personal beauty: Their development, causal relations, historic and national peculiarities. New York: Macmillan.

Folkes, V. S. (1982): Forming relationships and the matching hypothesis. Personality and Social Psychology Bulletin, 8, 631–636.

Garwood, S. G., Cox, L., Kaplan, V., Wasserman, N., Sulzer, J. L. (1980): Beauty is only „name" deep: The effect of first name on ratings of physical attraction. Journal of Applied Social Psychology, 10, 431–435.

Givens, D. B. (1978): The non-verbal basis of attraction: Flirtation, courtship and seduction. Psychiatry, 41, 346–351.

Glasgow, R. E., Arkowitz, H. (1975): The behavioral assessment of male and female social competence in dyadic heterosexual interactions. Behavior Therapy, 6, 488–498.

Goffman, E. (1977): The arrangment between the sexes. Theory and Society, 4, 301–333.

Goldman-Eisler, F. (1967): Sequential temporal patterns and cognitive processes in speech. Language and Speech, 10, 122–132.

Goody, E., N. (1978): Questions and politeness: Strategies in social interaction. Cambridge: Cambridge University Press.

Grammer, K. (1982): Wettbewerb und Kooperation: Stategien des Eingriffs in Konflikte unter Kindern einer Kindergartengruppe. Universität München (Dissertation).

Grammer, K. (1987): Männliches Werbeverhalten. Strategien der Selbstdarstellung. Zwischenbericht an die Deutsche Forschungsgemeinschaft.

Grammer, K. (1988): Human courtship behaviour: biological bases and cognitive processing. In: Rasa, A. E., Vogel, C., Volland, E. (eds.): Sociobiology of reproductive strategies in animals and men. Beckenham: Croom-Helm. (in print)

Grammer, K. (in print): Zur Ethologie des Flirts. Erscheint in: Ehalt, Ch. (Hrsg.): Sexualtät zwischen Natur und Kultur. Wien: Böhlau Verlag.

Griffitt, W. B. (1966): Interpersonal attraction as a function of self-concept and personality similarity-dissimilarity. Journal of Personality and Social Psychology, 15, 240–244.

Grube, J. W., Kleinhesselink, R. R., Kearney, K. A. (1982): Male self-acceptance and attraction toward women. Personality and Social Psychology Bulletin, 8, 107–112.
Harper, R. G., Wiens, A. N., Matarazzo, J. D. (1978): Nonverbal communication: The state of the art. New-York, Chichester, Brisbane, Toronto: Wiley & Sons.
Hassebrauck, M. (1988): Beauty is more than „name" deep: The effect of women's first names on ratings of physical attractiveness and personality attributes. Journal of Social Psychology, 18, 721–726.
Hatfield, E., Traupmann, J., Sprecher, S., Utne, M., Hay, J. (1984): Equity and intimate relations: Recent research. In: Ickes, W. (ed.): Compatible and incompatible relationships. New York, Berlin, Heidelberg, Tokyo: Springer Verlag.
Hatkoff, T. S., Luswell, T. E. (1977): Male-female similarities and differences in conceptualizing love. In : Cook, M., Wilson, G. (eds.): Love and attraction. Oxford: Pergamon Press.
Hayakawa, S. I. (1952): Language in thought and action. New York: Harcourt, Brace and World.
Heer, D. (1962): Husband and wife perception of family power structure. Marriage and Family living, 24, 65–67.
Heeschen, V. (1987): Humanethologische Aspekte der Sprachevolution. In: Gressinger, J., Rahden, W., v. (Hrsg.): Theorien vom Ursprung der Sprache. Berlin, New York: Gruyter, S.198–248.
Heider, F. (1958): The psychology of interpersonal relations. New York: Wiley.
Heymer, A. (1977): Vocabulaire Ethologique. Berlin, Hamburg: Parey.
Hill, C. T., Rubin, Z., Peplau, L. A. (1976): Breakups before marriage: the end of 103 affairs. Journal of social Issues, 32, 147–168.
Hill, E. M., Nocks, E. S., Gardner, L. (1987): Physical attractiveness: manipulation by physique and status displays. Ethology and Sociobiology, 8, 143–154.
Hinde, R. A. (1984): Why do sexes behave differently in close relationships? Journal of Social and Personal Relationships,1, 471–501.
Hooff, J. A. R. A., van (1972): A comparative approach to the phylogeny of laughter and smiling. In: Hinde, R. A. (ed.): Non-verbal communication. Cambridge: Cambridge Universitiy Press, 209–243.
Huston, T. L. (1973): Ambiguity of acceptance, social desirability, and dating choice. Journal of Experimental Social Psychology, 9, 32–42.
Izard. C. E., Walker, K. E. (1974): Prosocial and agonistic behavior in rhesus monkeys with surgically sectioned facial nerves. Zit. in: Argyle, M., Cook, M.: Gaze and mutual gaze (1978). 4 p., shown on BBC Horizon programme (Unpublished study).
Jellison, J. M., Ickes, W. J. (1974): The power of glance: desire to see and to be seen in cooperative and competitive situations. Journal of Experimental Social Psychology, 10, 444–450.
Jensen, A. R. (1978): Genetic and behavioral effects of non-random mating. In: Osborne,R. T., Noble,C.E., Wey,N.J. (eds.): Human variation. biopsychology of age, race and sex. New York: Academic Press, 51–105.
Johnson, R. C., Ahern, F. M., Cole, R. E. (1980): Secular change in degree of assortative mating for ability? Behavior Genetics, 10, 1–8.
Jones, R. (1982): The importance of face and body in perceptions of physical attractiveness. Unpublished master's thesis. Logan: Utha State University.
Jurich, A. P., Jurich, J. A. (1974): Correlations among nonverbal expressions of anxiety. Psychological Reports, 34, 199–204.

Kagan, J., Lewis, M. (1965): Studies of attention in the human infant. Merrill-Palmer Quarterly, 2, 95–122.

Kendon, A. (1967): Some functions of gaze-direction in social interaction. Acta Psychologica, 26, 22–63.

Kendon, A. (1970): Movement coordination in social interaction: Some examples considered. Acta Psychologica, 32, 1–25.

Kendon, A., Cook, M. (1969): The consistency of gaze patterns in social interaction. British Journal of Psychology, 60, 481–494.

Key, M. R. (1977): Nonverbal communication. A research guide and bibliography. New York: The Scarecrow Press.

Key, M. R. (1980): The relationship of nonverbal and verbal communication. The Hague: Mouton.

Kiesler, S. B., Baral, R. L. (1970): The search for a romantic partner: The effect of self-esteem and physical attractiveness on romantic behavior. In: Gergen, K. J., Marlow, D.(eds.): Personality and social behavior. Reading, Mass.: Addison-Wesley, 155–165.

Kiser, C. V. (1968): Assortative mating by educational attainment in relation to fertility. Eugenics Quarterly, 15, 98–112.

Kitzinger, S. (1984): Sexualität im Leben einer Frau. München: Biederstein.

Kleck, R. E., Rubenstein, C. (1975): Physical attractiveness, perceived attitude similarity, and interpersonal attraction in an opposite-sex encounter. Journal of Personality and Social Psychology, 31, 107–114.

Kleinke, C. L., Staneski, R. A., Berger, D. (1975): Evaluation of an interviewer as a function of interviewer gaze, reinforcement of subject gaze, and interviewer attractiveness. Journal of Personality and Social Psychology, 31, 115–122.

Kummer, H. (1968): Social organization of Hamadryas Baboons. Chicago, London: Universitiy of Chicago Press.

LaCrosse, M. B. (1975): Nonverbal behavior and perceived counselor attractiveness and persuasivenes. Journal of Counseling Psychology, 22, 563–566.

Lavrakas, P. J. (1975): Female preferences for male physiques. Journal of Research in Personality, 9, 324–344.

Lawick-Goodall, J. (1971): Wilde Schimpansen. Hamburg: Rowohlt.

Libby, W. L., Jr., Yaklevich, D. (1973): Personality determinants of eye contact and direction of gaze aversion. Journal of Personality and Social Psychology, 27, 197–206.

Lyons, J. (1968): Introduction to theoretical linguistics. Cambridge: Cambridge University Press.

Malinowski, B. (1963): The problem of meaning in primitive languages. In: Ogden, C. K., Richards, I. A. (eds): The meaning of meaning. London: Kegan Paul, Trench, Trubner (Supplement) 296–336.

Masters, W. H., Johnson, V. E. (1966): Human sexual response. Boston: Little, Brown & Comp.

Mazur, A., Cataldo, M. (1989): Dominance and deference in conversation. Journal of Sociological and Biological Structures, 12, 87–99.

McBride, G., King, M., James, J. (1965): Social proximity effects on galvanic skin responses in adult humans. Journal of Psychology, 61, 153–157.

Mehrabian, A. (1969): The significance of posture and position in the communication of attitude and status relationship. Psychological Bulletin, 71, 359–372.
Mehrabian, A. (1972): Nonverbal communication. Illinois.
Meltzoff, A. N., Moore, M. K. (1983): Newborn infants imitate adult facial gestures. Child Development, 54, 702–709.
Milgram, S. (1974): Obedience to authority. London: Tavistock.
Molcho, S. (1983): Körpersprache. München: Mosaik.
Moore, M. E., Stuckard, A., Srole, L. (1962): Obesity, social class, and mental illness. Journal of the American Medical Association, 181, 962–965.
Moore, M. M. (1985): Nonverbal courtship patterns in women: Context and consequences. Ethology and Sociobiology, 6, 237–247.
Morris, D. (1977): Manwatching: A field guide to human behavior. New York: Abrams.
Muehlenhard, C. L., Miller, C., Burdick, C. A. (1983): Are high-frequency daters better cue readers? Men's interpretations of women's cues as a function of dating frequency and SHI Scores. Behavior Therapy, 14, 626–636.
Mueser, K., Grau, B., Sussman, S., Rosen, A. (1984): You're only as pretty as you feel: Facial expression as a determinant of physical attractiveness. Journal of Personality and Social Psychology, 46, 469–478.
Murstein, B. I. (1970): Stimulus-Value-Role: A theory of marital choice. Journal of Marriage and the Family, 32, 465–481.
Murstein, B. I. (1972): A theory of marital choice and its applicability to marriage adjustment. In: Murstein, B. I. (ed.): Theories of attraction and love. New York: Springer, 100–151.
Oehlert, B. (1958): Kampf und Paarbildung einiger Cichliden. Zeitschrift für Tierpsychologie, 15.
Pellegrini, R. J., Hicks, R. A., Gordon, L. (1970): The effects of approval-seeking induction on eye-contact in dyads. British Journal of Social and Clinical Psychology, 9, 373–374.
Peplau, L., A., Rubin, Z., Hill, C., T. (1977): Sexual intimacy in dating relationships. Journal of Social Issues, 33, 86–109.
Perper, T. (1985): Sex signals: The biology of love. Philadelphia (iSi Press).
Pöppel, E. (1982): Lust und Schmerz. Berlin (Severin und Siedler).
Pope, B., Siegman, A., W. (1972): Relationship and verbal behavior in the initial interview. In: Siegman, A., W., Pope, B. (eds.): Studies in dyadic communications. New/York/Toronto/Oxford/Sydney/Braunschweig (Pergamon Press).
Rainwater, L. (1965): Sexual and marital relations. In: Family design. Chicago (Aldine).
Reed, E., W., Reed, S., C. (1965): Mental retardation: A family study. Philadelphia (W.B. Saunders co).
Reiss, I., L. (1960): Toward a sociology of the heterosexual love relationship. Marriage and Family Living, 22, 139–145.
Rosenfeld, H., M., Hancks, M. (1980): The nonverbal context of verbal listener responses. In: Key, M., R., (ed.): The relationship of verbal and nonverbal communication. The Hague/London (Mouton).
Rubin, Z. (1970): Measurement of romantic love. Journal of Personality and Social Psychology, 16, 265–273.
Rubin, Z. (1973): Liking and loving: An invitation to social psychology. New York (Holt, Rinehart, Winston).

Rushton, J., P. (1989): Genetic similarity in male friendships. Ethology and Sociobiology, 10, 361–373.

Rushton, J., P., Nicholson, I., R. (1988): Genetic similarity theory, intelligence, and human mate choice. Ethology and Sociobiology, 9, 45–57.

Rushton, J., P., Wells, P., A. (1984): Genetiv similarity theory: Beyond kin selection. Behavior Genetics, 14, 179–193.

Russo, N., F. (1975): Eye contact, interpersonal distance, and the equilibrium theory. Journal of Personality and Social Psychology, 31, 497–502.

Rytting, M., B. (1975): Self-disclosure in the development of a heterosexual relationship. Zit. in: Gross, A.: The male role and heterosexual behavior. Journal of Social Issues, Vol. 34, 1978 (87–107). Purdue Universtity (Unveröffent. Doktorarbeit).

Sabatelli, R., M., Rubin, M. (1986): Nonverbal expressiveness and physical attractiveness as mediators of interpersonal perceptions. Journal of Nonverbal Behavior, 10, 120–133.

Scheflen, A. (1965): Quasi-courtship behaviour in psychotherapy. Psychiatrie, 28, 245–257.

Scherer, K., R., Oshinsky, J., S. (1977): Cue utilization in emotion attribution from auditory stimuli. Motivation and Emotion, 1, 331–346.

Sedlacek, K., Sychra, A. (1963): Die Melodie als Faktor des emotionellen Ausdrucks. Folia phoniatrica, 15, 89–98.

Shanteau, J., Nagy, G., F. (1979): Probability of acceptance in dating choice. Journal of Personality and Social Psychology, 37, 522–533.

Shibasaka, H. (1987): Children's access strategies at the entrance to the classroom. Man Environment Systems, 17, 17–31.

Shotland, L., Craig, J. (1988): Can men and women differentiate between friendly and sexially interested behavior?. Social Psychology Quarterly, 51, 66–73.

Shotland, R., L. (1989): A model of the causes of date rape in developing and close relationships. In: Hendrick, C. (ed.): Close relationships. 247–270, Newbury Park, CA (Sage Publications).

Shrout, P., E., Fiske, D., W. (1981): Nonverbal behaviors and social evaluations. Journal of Personality and Social Psychology., 49, 115–128.

Sigall, H., Landy, D. (1973): Radiating beauty: Effects of having a physical attractive partner on person perception. Journal of Personality and Social Psychology, 28, 218–224.

Snyder, M. (1974): The self-monitoring of expressive behavior. Journal of Personality and Social Psychology, 30, 526–537.

Sperry, R., W., Preilowski, B. (1972): Die beiden Gehirne des Menschen. Bild der Wissenschaft, 920–928.

Staffieri, J., R. (1967): A study of stereotype of body image in children. Journal of Personality and Social Psychology, 7, 101–104.

Strongman, K., T., Champness, B., G. (1968): Dominance hierarchie and conflict in eye contact. Acta Psychologica, 28, 376–386.

Sütterlin, C. (1987): Mittelalterliche Kirchen-Skulptur als Beispiel universaler Abwehrsymbolik. In: v. Hohenzollern, J., G., Liedtke, M. (eds.): Vom Kritzeln zur Kunst. 82–100, Bad Heilbrunn (Julius Klinkhardt).

Sütterlin, C. (1989): Universals in apotropaic symbolism: A behavioral and comparative approach to some medieval sculptures. Leonardo, 22, 65–74.

Taylor, P., A., Glenn, N., D. (1976): The utility of education and attractiveness for females' status attainment through marriage. American Sociological Review, 41, 484–498.

Terry, R., L. (1983): A connotative analysis of synonyms for sexual intercourse. Maledicta, 7, 237–253.

Thibaut, J., Kelley, H. (1959): The social psychology of groups. New York (Wiley).

Thorne, B., Henley, N. (eds.) (1975): Language and sex: Difference and dominance. Rowley, MA. (Newbury House).

Trivers, R.L. (1972): Parental investment and sexual selection. In: Cambell, B. (ed.): Sexual selection and the descent of man 1871–1971. Chicago (Aldine).

Tucholsky, K. (1960): Frauen sind eitel, Männer? Nie –!. In: Tucholsky, K.: Gesammelte Werke Band II. Reinbek b. Hamburg (Rowohlt).

Turk, J., Bell, N. (1972): Measuring power in families. Journal of Marriage and the Family, 34, 215–222.

Twentyman, C., Boland, T., McFall, R., M. (1981): Heterosocial avoidance in college males: Four studies. Behavior Modification, 5, 523–552.

Vandenberg, S., G. (1972): Assortative mating, or who marries whom ?. Behavior Genetics, 2, 127–158

Walsh, D., G., Hewitt, J. (1985): Giving men the come-on: effect of eye contact and smiling in a bar environment. Perceptual and Motor Skills, 61, 873–874.

Walster, E., Aronson, V., Abrahams, D., Rottman, L. (1966): Importance of physical attractiveness in dating behavior. Journal of Personality and Social Psychology, 4, 508–516.

Warren, B., L. (1966): A multiple variable approach to the assortative mating phenomenon. Eugenics Quartely, 13, 285–290.

Wickler, W., Seibt, U. (1981): Monogamy in Crustacea and Man. Zeitschrift für Tierpsychologie, 57, 215–234.

Wiggins, J., S., Wiggins, N., Conger, J., C. (1968): Correlates of heterosexual somatic preferences. Journal of Personality and Social Psychology, 10, 82–90.

Zadney, J., Gerard, H. (1974): Attributed intentions and informational selectivity. Journal of Experimental and Social Psychology, 10, 34–52.

Zellmann, G., L., Goodchilds, J., D. (1983): Becoming sexual in adolescence. In: Allgeier, E., A., McCormick, N. , B. (eds.): Changing boundaries: Gender roles and sexual behavior. Palo Alto, Calif. (Mayfield).

Zetterberg, H. (1966): The secret ranking. Journal of Marriage and the Familiy, 134–142.

Zimmermann, D., H., West, C. (1975): Sex roles, interruptions, and solences in conversations. In: Thorne, B., Henley, N. (eds.): Language and sex: Difference and dominance. Rowley, MA. (Newbury House).

Zuckerman, M., Hall, J., DeFrank, R., S., Rosenthal, R. (1976): Encoding and decoding of spontaneous and posed facial expressions. Journal of Personality and Social Psychology, 34, 966–977.

Personenregister

Sachregister

Aus dem Programm Sozialwissenschaften

Rüdiger Lautmann

Die Gleichheit der Geschlechter und die Wirklichkeit des Rechts

1990. 328 S. Kart. DM 49,–

ISBN 3-531-11877-3

Illusionen über Gleichheit mögen zerstoben sein, doch die Idee lebt weiter; sie regt Politik und Sozialforschung an. Die Analyse der Gleichheit unterscheidet sich deutlich vom klassischen Thema der Ungleichheit. Eine umfassende Übersicht legt die verzwickte Konzeption von Gleichheit dar. Vielfältige Forschungen makro- und mikrosozialer Art werden auf den Begriff gebracht. Eine solche Bestandsaufnahme fehlte bisher und bildet einen wichtigen Beitrag zur allgemeinen Soziologie. Am Geschlechterverhältnis – dem aktuellen Politikfeld sozialer Gleichheit – wird es konkret. Zu den strategisch hervorstehenden Situationen Ehescheidung und Arbeitslosigkeit wurden in den 70er Jahren egalitäre Rechts-normen eingeführt, deren Erfolgschancen hier erstmals empirisch untersucht werden.

Johann August Schülein

Die Geburt der Eltern

Über die Entstehung der modernen Elternposition und den Prozeß ihrer Aneignung und Vermittlung.

1990. 252 S. Kart. DM 39,–

ISBN 3-531-11939-7

Der Einfluß von Eltern auf ihre Kinder ist bekannt. Aber auch Kinder „sozialisieren" ihre Eltern. Vor allem die Geburt des ersten Kindes bringt einschneidende Veränderungen mit sich. Dies um so mehr, seit sich Beziehungen generell, vor allem aber Eltern-Kind-Beziehungen stärker „subjektiviert" haben, dadurch jedoch auch anspruchsvoller und aufwendiger geworden sind. Wie der Übergang von der partnerschaftlichen „Romanze" zur „Dienstleistungsgesellschaft" verarbeitet und gestaltet wird, ist von entscheidender Bedeutung für die spätere Entwicklung der Kinder, der Eltern und der Gesellschaft.

Peter H. Hartmann

Warum dauern Ehen nicht ewig?

Eine Untersuchung zum Scheidungsrisiko und seinen Ursachen.

1989. 267 S. (Studien zur Sozialwissenschaft, Bd. 91)

Kart. DM 42,–

ISBN 3-531-12122-7

Gegenwärtig wird in der Bundesrepublik etwa jede dritte Ehe geschieden. Es gibt dabei aber Regionen mit sehr geringer und Gegenden mit extrem hoher Scheidungshäufigkeit. Dieses Buch untersucht psychologische, soziologische und ökonomische Ursachen des Scheidungsrisikos. Für die Bundesrepublik werden Zusammenhänge mit Stadt/Land-Unterschieden, Geburtenhäufigkeit, konfessioneller Struktur, Wirtschaftsstruktur und Arbeitslosigkeit nachgewiesen. Ein vielfach vermuteter Effekt von Erwerbschancen für Frauen auf das Scheidungsrisiko fand sich dagegen nicht.

WESTDEUTSCHER VERLAG

Postfach 58 29 · D-6200 Wiesbaden

Aus dem Programm Sozialwissenschaften

Gerhard Schwarz

Die „Heilige Ordnung" der Männer

Patriarchalische Hierarchie und Gruppendynamik.

2., durchges. Aufl. 1987. 264 S. Kart. DM 42,–

ISBN 3-531-11732-7

Die „Heilige Ordnung der Männer" ist der Versuch, die Krise des hierarchischen Systems zu analysieren und Möglichkeiten einer Weiterentwicklung aufzuzeigen. Einer der möglichen Wege ist dabei eine Neubelebung der Gruppen, die – wie gezeigt wird – in der Urgeschichte eine wichtige Bedeutung für das Zusammenlegen der Menschen hatten. Die Entstehung der Hierarchie wird dabei über die Zentralisierung von Funktionen auch als eine Machtergreifung der Männer angesehen, die mit „Militär" und „Logik" bestimmte Teilaspekte der Wirklichkeit herausheben und andere – z.B. die weiblichen Dimensionen – vernachlässigen.

Ilse Modelmog

Die zwei Ordnungen

Industrielles Bewußtsein und Subjektanarchie.

1989. 196 S. Kart. DM 38,–

ISBN 3-531-12042-5

Ausgegangen wird von der These, daß Vernunft, weil sie die industrielle Gesellschaft herrschaftlich dominiert, auch das Geschlechterverhältnis entscheidend organisiert. Vernunft wird also als Ordnungsmoment, aber auch als Unruhestifterin verstanden. In diesem Spannungsfeld konstituierte sich industrielles Bewußtsein, das in der Beziehung zwischen Frau und Mann als Ausdruck sowohl von Subjektordnung als auch von Subjektanarchie zu begreifen ist. Die moderne Gesellschaft scheint die Ordnungsfähigkeit den Männern, das Chaos – und damit die „Kulturunfähigkeit" – den Frauen zuschreiben zu wollen. In diesem Bewußtsein legitimiert sich patriarchale Ordnung. Diese Grundthese wird am Beispiel von Institutionen sowie Materialskizzen zu Literatur, Essen, Körperlichkeit und Geist, kurz: an dem breiten Spektrum von Subjektbewußtsein im historischen Kontext analysiert und inhaltlich belegt.

Rainer Zoll, Henri Bents, Heinz Brauer, Jutta Fieger, Enno Neumann und Mechthild Oechsle

„Nicht so wie unsere Eltern!"

Ein neues kulturelles Modell?

1989. 245 S. Kart. DM 26,–

ISBN 3-531-12049-2

Bei den Jugendlichen in der Bundesrepublik zeigen sich die Konturen eines neuen kulturellen Modells, das auch im übrigen Westeuropa, vor allem aber in den USA und in Kanada festzustellen ist. Es ist eine Absage an Selbstverleugnung, Leistung um ihrer selbst willen und an Rollenzwänge. Im Kern des neuen kulturellen Modells steht die Suche nach Selbstverwirklichung, die zum Gradmesser für alle menschlichen Aktivitäten, insbesondere aber die Lohnarbeit wird. Wichtige Medien dieser Suche sind die verbale Kommunikation und kreative Aktivitäten.

WESTDEUTSCHER VERLAG

Postfach 58 29 · D-6200 Wiesbaden